Vente des Lundi 7, Mardi 8 et Mercredi 9 Mars 1910
HOTEL DROUOT — SALLE N° 7

CATALOGUE

DE LA

BIBLIOTHÈQUE

DE FEU

Mr A.-V. LESPERON D'ANFREVILLE

Caissier Principal Honoraire de la Banque de France,
Chevalier de la Légion d'Honneur,
Commandeur de l'Étoile de Roumanie, etc., etc.
Membre de la Société des Amis des Livres,
des Cent Bibliophiles, des XX,
et du Livre Contemporain.

PREMIÈRE PARTIE

LIVRES MODERNES EN ÉDITIONS DE LUXE

Publications de Sociétés de Bibliophiles

PARIS

A. DUREL
Libraire du Ministère de la Justice
21, RUE DE L'ANCIENNE-COMÉDIE, 21
9 ET 11, PASSAGE DU COMMERCE (VIe ARR.)

1910

CATALOGUE

DE LA

BIBLIOTHÈQUE

DE FEU

Mʳ A.-V. LESPERON D'ANFREVILLE

PREMIÈRE PARTIE

LA VENTE AURA LIEU

LES 7, 8 ET 9 MARS 1910

A deux heures de l'après-midi

HOTEL DES COMMISSAIRES-PRISEURS, 9, RUE DROUOT

Salle n° 7, au premier étage

Par le Ministère de M° ANDRÉ DESVOUGES, Commissaire-Priseur

Successeur de M' MAURICE DELESTRE

26, Rue de la Grange-Batelière, 26 (IX°)

Assisté de M. A. DUREL, Libraire-Expert

21, Rue de l'Ancienne-Comédie, 9-11, Passage du Commerce (VI°)

☞ *Voir l'ordre des Vacations à la fin du Catalogue.*

CONDITIONS DE LA VENTE

La vente se fera au comptant.

Les acquéreurs paieront **10 p. 100** en sus des adjudications.

Les livres devront être collationnés dans les vingt-quatre heures de l'adjudication. Passé ce délai, ils ne seront repris pour aucune cause.

M. A DUREL, **chargé de la vente, remplira aux conditions d'usage, les commissions des personnes qui ne pourraient y assister.**

M. A. DUREL **se réserve la faculté, dans l'intérêt de la vente, de réunir ou de diviser les numéros du Catalogue.**

CATALOGUE

DE LA

BIBLIOTHÈQUE

DE FEU

Mr A.-V. LESPERON D'ANFREVILLE

Caissier Principal Honoraire de la Banque de France.
Chevalier de la Légion d'Honneur,
Commandeur de l'Étoile de Roumanie, etc., etc.
Membre de la Société des Amis des Livres,
des Cent Bibliophiles, des XX,
et du Livre Contemporain.

————>—<————

PREMIÈRE PARTIE

LIVRES MODERNES EN ÉDITIONS DE LUXE

Publications de Sociétés de Bibliophiles

PARIS

A. DUREL

Libraire du Ministère de la Justice

21, RUE DE L'ANCIENNE-COMÉDIE, 21
9 ET 11, PASSAGE DU COMMERCE (VIe ARR.)

——

1910

PRÉFACE

M. d'Anfreville que j'ai beaucoup connu était un fervent ami des livres.

Membre de plusieurs Sociétés de Bibliophiles, il recevait tous les catalogues de vente aux enchères, comme aussi ceux des libraires. Il les parcourait rapidement, notant au passage les articles qui lui paraissaient intéressants, se les faisait mettre sous les yeux; car ses hautes fonctions ne lui laissaient pas le loisir d'aller chez les libraires et encore moins d'assister aux ventes.

Le livre appelle le livre, plus on achète plus on veut acheter pour compléter des séries. C'est un engrenage, aussi M. d'Anfreville a-t-il laissé une importante collection, dont la vente devra être faite en plusieurs parties.

Première Partie. *Livres modernes en éditions de luxe. Publication de Sociétés de Bibliophiles.*

Deuxième Partie. *Editions originales d'Auteurs Contemporains, la plupart sur grand papier.*

Troisième Partie. *Ouvrages sur les Beaux-Arts. Ouvrages illustrés du XIX° Siècle. Mémoires, etc.*

Quatrième Partie. *Ouvrages anciens. Livres en tous genres.*

M. d'Anfreville avait un soin particulier de ses livres, aussi les a-t-il laissés en parfait état. C'était un véritable plaisir de les voir rangés dans de nombreuses bibliothèques.

En s'en séparant, Madame d'Anfreville défère aux volontés dernières de son mari.

JULES BRIVOIS.

Février 1910.

CATALOGUE

DE LA

BIBLIOTHÈQUE

DE FEU

Mr A.-V. LESPERON D'ANFREVILLE

—————— ‹•› ——————

PREMIÈRE PARTIE

PUBLICATIONS

DE SOCIÉTÉS DE BIBLIOPHILES

I. — PUBLICATIONS DE LA SOCIÉTÉ DES AMIS DES LIVRES

1. **ABOUT** (E.). **Les Mariages de Paris**, dessins de Piguet, gravés sur bois par Huyot. *Paris, Imprimé pour les Amis des Livres, par A. Lahure*, 1887, pet. in-8, br., couv., étui.

> Édition tirée à **115** exemplaires, tous sur **papier de Chine** (n° 54), avec la suite des dessins, tirés à part.
> Publié par les soins de M. Cherrier.

2. **CLARETIE** (Jules). **La Corde**. Illustrations de Ch. Jouas, gravées par Boisson. *Paris, Imprimé pour les Amis des Livres, par Chamerot et Renouard*, 1901, pet. in-8, br., couv.

> Tiré à **125** exemplaires numérotés (n° 78).
> Publié par les soins de M. Henri Beraldi.

3. **ERASME.** Eloge de la Folie, augmenté de la préface d'Erasme, adressée à Thomas Morus son ami. Notice de Gabriel Hanotaux, de l'Académie française. Quarante-six compositions gravées sur bois par Auguste Lepère. *Pour les Amis des Livres, Paris*, 1906, pet. in-4, en feuilles en carton.

Édition tirée à **137** exemplaires (n° 3).

4. **FRANCE** (Anatole). **Le Procurateur de Judée.** *Paris, Société des Amis des Livres*, 1902, in-12, fig., br., couv.

Tiré à **130** exemplaires numérotés (n° 51).
Publié sous la direction de MM. Victor Mercier et Raymond Claude-Lafontaine.
Compositions de Aug.-Fr. Gorguet, gravées à l'eau-forte par Louis Muller.
Texte buriné par Frédéric Pimpe.
Tirage en taille-douce par Witmann.

5. **F. GAILLARDET** et **A. DUMAS. La Tour de Nesles.** Drame en cinq actes et neuf tableaux. Représenté pour la première fois à Paris, sur le Théâtre de la Porte Saint-Martin, le 29 mai 1832. *Paris, Imprimé pour les Amis des Livres, par Ph. Renouard*, 1901, gr. in-8, eaux-fortes en couleurs, d'après les dessins de Robida, br., couv.

Édition tirée à **115** exemplaires (n° 51).
Les illustrations ont été dessinées par M. A. Robida et gravées par M. A. Bertrand ; elles ont été tirées sur planches repérées, par Wittmann.
Publié par les soins de M. Brivois.

5 *bis.* **HOUSSAYE** (Henry). **Aspasie, Cléopâtre, Théodora.** Illustrations de A. Giraldon. *Paris, Imprimé pour les Amis des Livres, par Chamerot et Renouard*, 1899, gr. in-8, br., couv.

Édition tirée à **120** exemplaires (n° 118). avec la suite des illustrations tirées à part en noir sur papier de Chine.
Les compositions de Giraldon ont été gravées sur bois par Quesnel et teintées à trois couleurs par Ducourtioux et Huilard.
Publié par les soins de MM. Eugène Paillet et Armand Billard.

6. **LECONTE DE LISLE. Poèmes antiques.** *Paris, Société des Amis des Livres*, 1908, gr. in-8, fig. en feuilles, couv., dans un étui, en carton.

Tirage unique à 110 exemplaires numérotés sur papier vélin (n° 2).
Publié sous la direction de M. Raymond Claude-Lafontaine.
Illustrations de Maurice Ray, gravées à l'eau-forte par Louis Muller et

tirées sur les presses en taille-douce de Ch. Wittman. Cadres et ornements typographiques de Maurice Ray gravés par Henri Joufroy.

7. **LEMAITRE** (Jules). **Sérénus**. Histoire d'un martyr. Compositions de Aug.-Fr. Gorguet, gravées sur bois par Paillard.
Paris, Société des Amis des Livres, 1905, gr. in-8, br., couv.

> Édition tirée à **115** exemplaires (n° 2).
> Publié par les soins de MM. Victor Mercier et Raymond Claude-Lafon-
> taine.

8. **MAUPASSANT** (Guy de). **Le Vagabond**. Lithographies
en couleurs par Steinlen. *Paris, Imprimé aux frais de la
Société des Amis des Livres, par Ph. Renouard*, 1902, in-4,
br., couv. illust. en couleurs.

> Tiré à **115** exemplaires (n° 73).
> Publié par les soins de M. Paul Villebœuf.

9. **MEILHAC** (Henri). **Contes Parisiens du second Empire**
(1866). Eaux-fortes de Pierre Vidal. *Paris, Imprimé pour les
Amis des Livres*, 1904, gr. in-8, br., couv.

> Tiré à **125** exemplaires (n° 51).
> Publié par les soins de M. Henri Béraldi.

10. **VICAIRE** (Gabriel). **Rosette en Paradis**. Quinze eaux
fortes en couleurs par Louis Morin (*Paris*). *Gravé et imprimé pour les Amis des Livres*, 1904, in-8, texte buriné, br.,
couv. illust. en coul.

> Tiré à **115** exemplaires (n° 51).
> Publié par les soins de M. Charles Grondard.

11. **Voltaire**. Les Vous et les Tu, épître de M. de Voltaire, ornée de lithographies à la plume, par Fraipont. *Paris, imprimé pour les Amis des Livres*, 1883, plaq. gr. in-8, cart., non
rog.

> Tiré à très petit nombre.

II. — PUBLICATIONS DE LA SOCIÉTÉ "LES CENT BIBLIOPHILES"

12. **BAUDELAIRE** (Charles). **Les Fleurs du Mal.** Illustrations en couleurs de A. Rassenfosse. *Paris, pour les Cent Bibliophiles*, 1899, in-4, en 3 fasc. dans les emboitages.

> Tiré à **115** exemplaires, tous sur papier vélin (n° 123).
> Très belle édition. Rare et très recherchée.
> On y joint la suite des **figures refusées**.

13. **GÉRARD DE NERVAL. Histoire de la Reine du Matin** et de **Soliman Ben-Baoud.** *Imprimé pour la Société des Cent Bibliophiles, Londres*, 1909, pet. in-8, illustrations de Lucien Pissaro, grav. par Esther et Lucien Pissaro, rel. souple en veau gris, plats entièrement dorés, non rog.

> Tirage à **130** exemplaires (n° 4).

14. **HUYSMANS** (J.-K.). **A Rebours.** Deux cent vingt gravures sur bois en couleurs de Auguste Lepère. *Paris, pour les Cent Bibliophiles*, 1903, gr. in-8, en feuilles, dans un carton.

> Tirage unique à **130** exemplaires (n° 3).
> Superbe publication. — Rare et très recherchée.

15. **MARX** (Roger). **La Loïe Fuller.** Estampes modelées de Pierre Roche. *Paris, Édition des Cent Bibliophiles*, 1904, pet. in-4, en feuilles, couv., dans un carton.

> Édition tirée à **130** exemplaires (n° 3).
> Ce livre est la première application du caractère Auriol italique, gravé et fondu par G. Peignot et fils.

16. **MAUCLAIR** (Camille). **Les Camelots de la Pensée.** Bois en couleurs de Maurice Delcourt. *Paris, Les Cent Bibliophiles, impr. par Ph. Renouard*, 1902, gr. in-8, br., couv. impr. en couleurs.

> Tiré à **130** exemplaires numérotés (n° 3).

17. **MAUPASSANT** (Guy de). **Cinq Contes Parisiens.** Illustrations de Louis Legrand. *Paris. pour les Cent Bibliophiles, imprimé par Philippe Renouard,* 1905, gr. in-8, br., couv.

Tiré à **130** exemplaires numérotés (n° 3).

18. **MOUREY** (Gabriel). **Fêtes foraines de Paris.** Gravures d'Edgar Chahine. *Paris (Imprimé par Philippe Renouard), pour les Cent Bibliophiles,* 1906, pet. in-4, en feuilles, dans un cart., couv.

Tiré à **130** exemplaires numérotés (n° 3).

19. **RÉGNIER** (Henri de). **Trois Contes à soi-même.** [Le Sixième mariage de Barbe-Bleue ; Le Récit de la Dame des sept Miroirs ; le Heurtoir vivant]. Miniatures de Maurice Ray, gravées par A. Bertrand. *Paris, pour les Cent Bibliophiles,* 1907, pet. in-4, eaux-fortes en couleurs tirées par Eug. Delâtre, sur planches repérées, couv., en feuilles, dans un cart.

Édition tirée à **130** exemplaires sur papier filigrané (n° 5).

III. — PUBLICATIONS DE LA SOCIÉTÉ DES XX

*Tous ces volumes sans exception sont en éditions originales
ou en premiers tirages.*

*Ils ont été remis aux sociétaires sans être brochés, mais pliés
dans des emboîtages de fantaisie variés pour chacun.*

*Sauf quelques rares exceptions, ils portent la signature auto-
graphe de leurs auteurs respectifs. Ceux pour lesquels il
n'y a pas d'indication ne sont pas signés.*

*Ils ont, en dehors de la couverture d'éditeur, une seconde cou-
verture spéciale ou un état de cette couverture si elle est illustrée.*

*Le « Vélin de la Société » est un papier vélin à la forme des
Manufactures d'Arches fabriqué spécialement et filigrané à
la marque des XX.*

20. **ADAM** (Paul). **Lettres de Malaisie.** *Paris, Édition de la
Revue Blanche*, 1898, in-18, vélin de la Société, signé par l'auteur.

21. **BARRÈS** (Maurice). Le Roman de l'Énergie nationale. **Les
Déracinés.** *Paris, E. Fasquelle*, 1897, in-18, vélin de la Société, signé par l'auteur.

22. **BARRÈS** (Maurice). Le Roman de l'Énergie nationale.
L'Appel au Soldat. *Paris, E. Fasquelle*, 1900, in-18, vélin
de la Société.

23. **BARRÈS** (Maurice). Le Roman de l'Énergie nationale.
Leurs Figures. *Paris, F. Juven*, 1902, in-18, vélin de la Société.

24. **BAUDELAIRE** (Charles). **Lettres,** 1841-1866, portrait en
héliogravure. *Paris, Société du Mercure de France*, 1906,
in-18 réimposé in-8 raisin, vélin de la Société.

Le volume forme deux tomes avec couvertures et titres distincts.

25. **BAZIN** (René). **Les Oberlé**. *Paris, Calmann-Lévy, s. d.*
[1902], in-18 réimposé in-8 raisin, vélin de la Société, signé
par l'auteur.

26. **BEAUNIER** (André). **Picrate et Siméon**. *Paris, E. Fasquelle,* 1904, in-18 réimposé in-8, vélin de la Société, signé
par l'auteur.

27. **BERNARD** (Tristan). **Un Mari Pacifique**. *Paris, Édition
de la Revue Blanche,* 1901, in-18 réimposé in-8 raisin, vélin
de la Société, signé par l'auteur.

28. **BERTRAND** (Louis). **Pépète le bien-aimé**, roman. *Paris, Société d'éditions littéraires et artistiques, librairie
Paul Ollendorff,* in-18 réimposé in-8, vélin de la Société, signé
par l'auteur.

29. **BOCCACE. La Fiancée du Roy de Garde**, traduction de
Anthoine Le Maçon, imaigée et vignettée par Léon Lebègue.
Paris, H. Floury, 1903, in-4 écu, vélin de la Société, tirage à
part sur Chine de toutes les illustrations, signé par l'illustrateur.

30. **BOURGES** (Élémir). **La Nef**. *Paris, P.-V. Stock,* 1904,
in-18 réimposé in-8, vélin de la Société, signé par l'auteur.

31. **BOURGET** (Paul). **Le Fantôme**. *Paris, Plon-Nourrit et
Cie, s. d.* [1901], in-18 réimposé in-8 raisin, vélin de la Société, signé par l'auteur.

32. **BOYLESVE** (René). **Mlle Cloque**. *Paris, Édition de la
Revue Blanche,* 1901, in-18, vélin de la Société, signé par l'auteur.

33. **BRISSON** (Adolphe). **Florise Bonheur**, dessin de Geo
Dupuis. *Paris, E. Flammarion, s. d.,* in-18 réimposé in-8
raisin, sur papier de Chine, signé par l'auteur.

34. **BRUNETIÈRE** (Ferdinand). **Honoré de Balzac,** 1799-
1850. *Paris, Calmann-Lévy, s. d.,* [1907], in-18 réimposé in-8
raisin, vélin de la Société.

35. **COIGNY** (Aimée de). **Mémoires,** avec un portrait en héliogravure, introduction et notes par Étienne Lamy. *Paris, Calmann-Lévy, s. d.,* [1902], in-18 réimposé in-8 raisin, vélin de
la Société, double état du portrait, signé par le commenta-
teur.

36. **CONSTANT** (Benjamin). **Adolphe,** cinquante eaux-fortes
originales de Georges Jeanniot, préface de Paul Hervieu de
l'Académie Française. *Paris, 4, rue Picot,* 1901, in-4, vélin
spécial de l'édition, frontispice supplémentaire fait spécialement pour les XX, en deux états, signé par l'illustrateur.

37. **COURTELINE** (Georges). **Les Marionnettes de la Vie,**
illustrations de A. Barrère. *Paris, E. Flammarion, s. d.,*
[1901], in-18, vélin de la Société, signé par l'auteur.

38. **COURTELINE** (G. V. M.). **La Conversion d'Alceste,**
comédie représentée la première fois sur le théâtre françois
le 15 juin 1905. *A Paris, chez l'autheur,* MDCCCCV, in-16,
papier vergé genre ancien, signé par l'auteur.

39. **DAUDET** (Léon). **Sébastien Gouvès.** *Paris, E. Fasquelle,* 1898, in-18, vélin de la Société, signé par l'auteur.

40. **DONNAY** (Maurice) et **DESCAVES** (Lucien). **La Clai-
rière,** comédie en cinq actes, en prose. *Paris, Édition de la
Revue Blanche,* 1900, in-18, de la Société, signé par les deux
auteurs.

41. **DOUCET** (Jérôme). **Contes de la Fileuse,** illustrations de
Alfred Garth Jones. *Paris, Ch. Tallandier, s. d.,* [1900], in-8
jésus. Papier de Chine. Tirage à part sur Chine de toutes les
illustrations. La couverture spéciale est ornée d'une composition inédite réservée aux XX. *Dessin original rehaussé
d'aquarelle,* de A. Garth Jones, spécial à chaque exemplaire.
Signature de l'auteur. Cartonnage illustré de l'éditeur.

42. **DOUCET** (Jérôme). **Notre ami Pierrot,** une douzaine de pantomines avec les aquarelles de Louis Morin. *Paris, Ollendorff, s. d.,* [1900], in-4, sur papier des manufactures impériales du Japon. Tirages à part en noir, sur Chine et sur Japon, de toutes les illustrations. La couverture spéciale est ornée d'une composition inédite réservée aux XX. Signature de l'auteur.

43. **DEQUESNEL** (Félix) et **VEBER** (Jean). **Contes des dix mille et deux nuits.** *Paris, E. Flammarion, s. d.,* [1903], in-4, papier des Manufactures impériales du Japon avec suite des gravures tirée à part sur papier de Chine, signé par l'illustrateur.

44. **ESPARBÈS** (Georges d'). **Les demi-soldes.** *Paris, E. Flammarion, s. d.,* [1899], in-18, vélin de la Société.

45. **FLAUBERT** (Gustave). **Mémoires d'un fou.** *Paris, Floury,* 1901, in-8 raisin, vélin de la Société. Portrait de Flaubert par Nargeot en deux états sur Japon vieux, eau-forte pure et avant la lettre. Fac-simile d'autographe sur Chine.

46. **FLAUBERT** (Gustave).**La Première Tentation de Saint-Antoine** (1849-1856), œuvre inédite publiée par Louis Bertrand. *Paris, E. Fasquelle,* 1908, in-18 réimposé in-8 raisin, vélin de la Société.

47. **FORAIN. Album.** *Paris, Simonis Empis, s.d.,* grand in-4, papier du Japon, signé par l'auteur.

48. **FORAIN. La Comédie Parisienne.** *Paris, Plon-Nourrit et Cie,* 1904, in-18, papier des Manufactures impériales du Japon, suite sur papier de Chine avant la lettre.

49. **FRAGEROLLE** (Georges) et **RIVIÈRE** (Henri). **Le Juif Errant,** légende en huit tableaux, poème et musique de G. Fragerolle, dessins de H. Rivière. *Paris, Enoch et Cie,* 1898, Album grand in-8 oblong en couleurs, papier vélin, gardes en couleurs dessinées par G. Auriol, signé par l'illustrateur.

50. **FRANCE** (Anatole). **Au Petit Bonheur,** comédie en un
acte, représentée pour la première fois le 1er juin 1898. *Tiré
pour Pierre Dauze,* 1898, in-4. Reproduction fac-simile du
manuscrit autographe. Papier fin de Hollande. Portrait d'Anatole France gravé à l'eau-forte par Ladislas Lœwy.

51. **FRANCE** (Anatole). **Clio,** illustrations de Mucha. *Paris,
Calmann-Lévy,* 1900, in-8, vélin de la Société, suite des illustrations tirée à part en couleurs sur papier de Chine, signé
par l'auteur.

52. **GOURMONT** (Rémy de). **Un Cœur Virginal,** roman. *Paris, Société du Mercure de France,* 1907, in-18 réimposé in-8,
vélin de la Société, signé par l'auteur.

53. **GUÉRIN** (Charles). **Le Semeur de Cendres,** 1898-1900.
Paris, Société du Mercure de France, 1901, in-18 réimposé
in-8 raisin, vélin de la Société, signé par l'auteur.

54. **GUILLAUMIN** (Émile). **Près du sol.** *Paris, Calmann
Lévy, s. d.,* [1906], in-18 réimposé in-8 raisin, vélin de la Société, signé par l'auteur.

55. **HENNIQUE** (Léon). **Minnie Brandon.** *Paris, E. Fasquelle,* 1899, in-18 vélin de la Société, signé par l'auteur.

56. **HIRSCH** (Charles-Henri). **Poupée Fragile,** roman. *Paris,
E. Fasquelle,* 1907, in-18 réimposé in-8 raisin, vélin de la Société, signé par l'auteur.

57. **HUYSMANS** (J. K.). **La Bièvre, Les Gobelins, Saint-
Séverin,** illustrations sur bois et à l'eau-forte de A. Lepère.
Paris, Société de Propagation des livres d'art, 1901, grand
in-8, papier vélin à la cuve des Manufactures d'Arches, suite
sur papier de Chine de toutes les illustrations, signé par
l'auteur.

58. **JAMMES** (Francis). **Le Deuil des Primevères.** *Paris,
Société du Mercure de France,* 1901, in-18 réimposé in-8 raisin, vélin de la Société, signé par l'auteur.

59. **KLINGSOR. Petits Métiers des Rues de Paris,** préface
de Roger Marx, texte ornementé de bois dessinés et gravés
par Jacques Beltraud. *Paris,* 1904, in-8, vélin de la Société,
avec une suite de tous les bois sur Japon mince, signé par
l'auteur et l'illustrateur.

60. **LARGUIER** (Léo). **Jacques,** poème. *Paris, Société du
Mercure de France,* 1907, in-18 réimposé in-8, vélin de la
Société signé par l'auteur.

61. **LE CARDONNEL** (Louis). **Poèmes.** *Paris, Société du
Mercure de France,* 1904, in-18 réimposé in-8, vélin de la Société, signé par l'auteur.

62. **LEMAITRE** (Jules). **En Marge des Vieux Livres,** contes. *Paris, Société française d'Imprimerie et de Librairie,
ancienne librairie Lecène, Oudin et Cie,* 1905-1907, 2 vol. in-
18 réimposés in-8, vélin de la Société, le tome I signé par l'auteur.

63. **LEMONNIER** (Camille). **Le Sang et les Roses.** *Paris,
Ollendorff,* 1901, in-18, vélin de la Société, signé par l'auteur.

64. **LORRAIN** (Jean). **Monsieur de Phocas, Astarté.** *Paris,
Ollendorff,* 1901, in-18 vélin de la Société, signé par l'auteur.

65. **LOTI** (Pierre). **Les derniers jours de Pékin.** *Paris, Calmann-Lévy, s. d.,* [1902], in-18 réimposé in-8 raisin, vélin de
la Société, signé par l'auteur.

66. **LOUYS** (Pierre). **La Femme et le Pantin,** roman espagnol orné d'une reproduction en héliogravure du Pantin de
Goya. *Paris, Société du Mercure de France,* 1893, in-8, papier de Chine, double épreuve du frontispice, signé par l'auteur.

67. **MAETERLINCK** (Maurice). **Le double Jardin.** *Paris,
E. Fasquelle,* 1904, in-18 réimposé in-8, vélin de la Société,
signé par l'auteur.

68. **MAINDRON** (Maurice). **Saint-Cendre.** *Paris, Édition de la Revue Blanche,* 1898, in-18 vélin de la Société, signé par l'auteur.

69. **MAINDRON** (Maurice). **Monsieur de Clérambon.** *Paris, E. Fasquelle,* 1904, in-18, vélin de la Société, signé par l'auteur. Portrait ajouté.

70. **MAUPASSANT** (Guy de). **Les Dimanches d'un Bourgeois de Paris,** dessins de Geo Dupuis, gravure sur bois de Lemoine. *Paris, Ollendorff,* 1901, in-8, vélin de la Société, tirage à part sur Chine de toutes les illustrations.

71. **MENDÈS** (Catulle). **Le Chercheur de Tares.** *Paris, E. Fasquelle,* 1898, in-18, vélin de la Société, signé par l'auteur.

72. **MENDÈS** (Catulle). **Hespérus,** illustrations en couleurs de Carloz Schwabe. *Paris, Société de propagation des Livres d'Art,* 1904, grand in-8 réimposé in-4, papier peau de vélin de Rives, suite des illustrations tirée en noir sur papier de Chine, signé par l'auteur et l'illustrateur.

73. **MIRBEAU** (Octave). **Les Mauvais Bergers,** pièce en cinq actes, représentée à Paris sur le théâtre de la Renaissance, le 14 décembre 1897. *Paris, E. Fasquelle,* 1898, in-18, vélin de la Société, signé par l'auteur.

74. **MIRBEAU** (Octave). **Le Jardin des Supplices,** avec un dessin en couleur de Auguste Rodin imprimé par A. Clot. *Paris, E. Fasquelle,* 1899, in-8, papier vélin d'Arches, signé par l'auteur.

75. **MORÉAS** (Jean). **Les Stances,** portrait par A. de la Gandara. *Paris, La Plume,* 1899, in-4, papier ancien des Manufactures impériales du Japon. Reproduction fac-simile du manuscrit. Signature de l'auteur.

76. **MOREL** (Emile). **Les Gueules Noires,** préface de Paul Adam, illustrations de Steinlen. *Paris, E. Sansot et Cie,*

1907, in-8 carré réimposé in-4, vélin de la Société, quadruple suite sur Japon mince et ordinaire en bistre et en noir avec et sans fond teinté, signé par l'auteur et l'illustrateur.

77. **MUCHA** (Alphonse) et son œuvre. Texte par MM. Léon Deschamps, Rambosson, Sainte-Claire, Ch. Saunier, Fr. Jourdain, etc., 127 illustrations par A. Mucha et un portrait charge de l'artiste par Whidhopff. *Paris, La Plume*, 1897, in-8. Papier du Japon avec suite des illustrations sur Chine et frontispice en deux états, sur Japon et sur Chine. Signé par Mucha.

78. **NAU** (John-Antoine). **Hiers Bleus,** poésies. *Paris, Librairie Léon Vanier, A. Messein, successeur.* 1904, in-18 réimposé in-8, vélin de la Société, signé par l'auteur.

79. **NICHOLSON** (William). **Almanach de douze Sports,** 1898. Etude sur William Nicholson et son art, par Octave Uzanne. *Paris, Société française d'Editions d'art, s. d.,* in-4. Planches sur papier de Hollande et texte sur papier de Chine (12 gravures lithochromies et 12 gravures simili). Sans couverture spéciale.

80. **NOAILLES** (Comtesse Mathieu de). **La Domination.** *Paris, Calmann Lévy, s. d.* [1905], in-18 réimposé in-8 raisin, vélin de la Société, signé par l'auteur.

81. **PAUL** (Hermann). **Alphabet pour les Grands Enfants,** album inédit, préface de Henri Bauër. *Paris, Simonis Empis, s. d.* [1898], grand in-4. Papier de Chine. Signé par l'auteur.

82. **PHILIPPE** (Charles-Louis). **Marie Donadieu.** *Paris, E. Fasquelle,* 1904, in-18 réimposé in-8, vélin de la Société, signé par l'auteur.

83. **REBELL** (Hughes). **La Femme qui a connu l'Empereur.** *Paris, Société du Mercure de France,* 1898, in-18, papier vélin de Rives, portrait de l'auteur par Jean Veber sur papier du Japon. Signé par l'auteur.

84. **RÉGNIER** (Henri de). **La Canne de Jaspe, Monsieur d'Amercœur, le Trèfle noir, Contes à soi-même.** *Paris, Société du Mercure de France,* 1897, in-18, papier Whatman, signé par l'auteur.

85. **RÉGNIER** (Henri de). **La Sandale ailée,** 1903-1905. *Paris, Société du Mercure de France,* 1906, in-18 réimposé in-8, vélin de la Société, signé par l'auteur.

86. **RÉGNIER** (Henri de). **L'Amour et le Plaisir,** histoire galante. *Imprimé aux dépens de l'auteur par les soins de Pierre Dauze. Paris,* 1906, in-8 raisin, vélin de la Société, signé par l'auteur.

87. **RENARD** (Jules). **Bucoliques.** *Paris, Ollendorff,* 1898, in-18, papier du Japon, signé par l'auteur.

88. **ROSNY** (J.-H.). **Les Ames perdues.** *Paris, E. Fasquelle.* 1899, in-18, vélin de la Société, signé par l'auteur.

89. **SAMAIN** (Albert). **Aux flancs du Vase.** *Paris, Société du Mercure de France,* 1898, in-4, vélin teinté de la Société.

90. **SAMAIN** (Albert). **Le Chariot d'or.** *Paris, Société du Mercure de France,* 1901, in-18 réimposé in-8 raisin, vélin de la Société.

91. **SAMAIN** (Albert). **Contes. Hyalis, Rovère et Angisèle. Xanthis, Divine Bontemps.** *Paris, imprimé aux frais du Dr Emile Goubert,* 1908 (*Imprimerie Nationale*), in-4, vélin de la Société, signé par le Dr Goubert.

92. **STEINLEN. Des Chats,** dessins sans paroles. *Paris, E. Flammarion, s. d.* [1898], album grand in-folio, papier du Japon, signé par l'auteur.

93. **TINAYRE** (Marcelle). **La Vie amoureuse de François Barbazanges.** *Paris, Calmann Lévy, s. d.* [1904], in-18 réimposé in-8 raisin, vélin de la Société, signé par l'auteur.

94. **TOULOUSE-LAUTREC** (H. de). **Treize Lithographies** en double état, montées sur bristol, dans un emboîtage.

95. **VERHAEREN** (Émile). **Les Forces tumultueuses.** *Paris, Société du Mercure de France*, 1901, in-18 réimposé in-8 raisin, vélin de la Société, signé par l'auteur.

96. **VERLAINE** (Paul). **Voyage en France** par un Français, publié d'après le manuscrit inédit, préface de Louis Loviot. *Paris, librairie Léon Vanier, A. Messein, successeur*, 1907, in-18 réimposé in-8, vélin de la Société.

97. **VOGUÉ** (Vicomte E.-M. de). Scènes de la vie parlementaire : **Les Morts qui parlent.** *Paris, Plon-Nourrit et Cie*, 1899, in-18, vélin de la Société, signé par l'auteur.

98. **WILLETTE** (Adolphe). **Œuvres choisies** contenant cent dessins choisis dans le *Courrier Français* de 1884 à 1901. Préface illustrée de l'auteur. *Paris, Simonis Empis*, 1901, papier vélin de Rives, signé par l'auteur.

99. **BESNARD** (Albert). Suite de 11 eaux-fortes dont un frontispice pour illustrer l'**Affaire Clémenceau**, par Alexandre Dumas fils. *Paris, Le Livre Contemporain*, 1905, gr. in-8, en carton.

> Le frontispice, en 3 états, a été tiré pour chacun des états, en noir et en bistre, les 10 illustrations en 2 états : noir avec remarque et bistre.
> Au total, 26 pièces, toutes marquées du timbre de la Société.
> Tirage à **115** exemplaires (n° 6).
> Voir le numéro 211.

100. **BOURGES** (Elémir). **Le Crépuscule des Dieux**. Eaux-fortes en couleurs de Richard Ranft. *Paris, Imprimerie Nationale, pour le Livre Contemporain*, 1905, gr. in-8, br., couv., emboîtage.

> Tiré à **117** exemplaires (n° 6).

101. **DANTE ALIGHIERI. Vita Nova**. Illustrée par Maurice Denis, traduite par Henry Cochin. Bois en couleurs de Jacques Beltrand. *Paris, Imprimerie Nationale, pour le Livre Contemporain*, in-4, br., couv., emboîtage.

> Tiré à **132** exemplaires (n° 6).

102. **FROMENTIN** (Eugène). **Dominique**. Orné d'un frontispice et de paysages par Gustave Leheutre. *Paris, Le Livre Contemporain*, 1905, in-8, br., couv., emboîtage.

> Tiré à **117** exemplaires (n° 6).

103. **FRANCE** (Anatole). **Le Puits de Sainte-Claire**. Eaux-fortes originales de T. Polat. *Paris, Le Livre Contemporain*, 1908, in-8, br., couv., emboîtage.

> Tiré à **121** exemplaires (n° 6).

104. **SAMAIN** (Albert). **Au Jardin de l'Infante**. Compositions de Carlos Schwabe, gravées sur bois par J.-C.-G.-M. Beltrand. *Paris, Le Livre Contemporain*, 1908. [*Imprimerie Lahure*], in-8, br., couv., emboîtage.

> Tiré à **120** exemplaires (n° 6).

LIVRES MODERNES

EN ÉDITIONS DE LUXE

Ouvrages avec Aquarelles originales

---

105. **About** (Edmond). Tolla. Avec les illustrations de Félicien
Myrbach, les ornements typographiques exécutés par Adolphe Giraldon et un portrait d'après Paul Baudry. *Paris, Hachette et Cie*, 1889, gr. in-4, br., couv.

106. **About** (Edmond). Trente et Quarante, avec les illustrations de H. Vogel et les ornements de A. Giraldon, gravés
à l'eau-forte typographique et au burin par Verdoux, Ducourtioux et Huilard. *Paris, Hachette et Cie*, 1891, gr. in-8, br.,
couv.

> Edition ornée de 1 frontispice sur papier de Chine, 16 grandes compo-
> sitions et de nombreuses illustrations dans le texte par Vogel, en-têtes de
> chapitres et ornements par A. Giraldon.
> Exemplaire sur **papier vélin glacé**.

107. **Adam** (Mme) (Juliette Lamber). Récits d'une Paysanne,
illustrations de G. Fraipont. *Paris, J. Lemonnyer*, 1885, gr.
in-8, br., couv.

> L'un des **100** exemplaires sur **papier du Japon** (n° 40), avec un
> tirage à part, en bistre, de toutes les vignettes.

108. **Adam** (Paul). Basile et Sophie, dessins de C. H. Dufau.
Paris, Ollendorff, 1900, gr. in-8, br., couv.

> L'un des **40** exemplaires sur **papier vélin à la forme** (n° 53).

109. **Aicard** (J.). Don Juan ou la Comédie du siècle. Composition hors texte de Jean-Paul Laurens et E. Vidal. Dessins dans le texte de L. Montégut. Gravures de Champollion, Delavallée, Baud. *Paris, E. Dentu. s. d.*, in-4, br., couv.

L'un des **100** exemplaires sur **papier de Chine** (n° 80).

110. **Alexandre** (Arsène). Jean-François Raffaelli. Peintre, graveur et sculpteur. *Paris, H. Floury*, 1909, in-4, br., couv.

Ouvrage illustré de 33 gravures hors texte dont 7 pointes sèches et 19 planches en couleurs et d'environ 150 compositions à pleine page et dans le texte d'après les œuvres du maître.

L'un des **50** exemplaires sur **papier du Japon** avec double suite des pointes sèches et des héliogravures (n° 40).

111. **ANTAR**, poème héroïque arabe, d'après la traduction de Marcel Devic, illustrations en couleurs de E. Dinet. *Paris, l'Edition d'Art, H. Piazza et Cie*, 1898, gr. in-4, br., couv., cartonnage artistique.

L'un des **250** exemplaires sur **grand papier vélin d'Arches** (n° 33) avec une suite en noir sur Chine.
Epuisé. — Rare.

112. **Apulée**. L'Ane d'Or, ou la Métamorphose. Traduction de Savalète, préface de J. Andrieux, avec nombreuses gravures, dessinées par A. Racinet, P. Bénard. *Paris, Firmin Didot*, 1872, in-8, pap. vél., titre r. et n., br., couv. illust.

113. **Armstrong** (W.). Gainsborough et sa place dans l'école anglaise, par Sir. Walter Armstrong, directeur de la Galerie nationale (Irlande). Traduction de B.-H. Gausseron. Ouvrage orné de soixante-dix héliogravures tirées en taille-douce et de dix lithographies en couleurs. *Paris, Hachette et Cie*, 1899, in-fol. en feuilles.

114. **Arnault** (A.-V.). Les Souvenirs et les Regrets du vieil amateur dramatique, ou Lettres d'un oncle à son neveu sur l'ancien théâtre français, depuis Bellecour jusqu'à Ollivier. Ouvrage orné de gravures coloriées, représentant en pied, d'après les miniatures originales, faites d'après nature, de Foëch, de Basle et de Wirsker, ces différents acteurs dans les

rôles où ils ont excellé. *Paris, A. Leclère,* 1861, pet. in-8, pap.
vergé, titre r. et n., fig., demi-rel. dos et coins de mar. rouge.
dos orné à petits fers, tête dor., non rog.

> Ouvrage orné de 49 portraits en pied d'acteurs et d'actrices. Épreuves
> coloriées.
> Ex-libris de S. A. I. Mgr le prince Napoléon.

115. **Aucassin et Nicolette,** chantefable du douzième siècle.
traduite par A. Bida, révision du texte original et préface par
Gaston Paris. *Paris, Hachette et Cie,* 1878, pet. in-4, pap. vélin, texte encadré de fil. r., br., couv.

116. **Aventures** (les) merveilleuses de Fortunatus, avec une
préface par Henry Fouquier et cent vingt dessins dans le
texte par Edouard de Beaumont. *Paris, Librairie des Bibliophiles,* 1887, in-4, br., couv. dans un carton.

> L'un des **15** exemplaires sur **papier de Chine** (n° 6).

117. **Aventures** du Gourou Paramarta, conte drôlatique indien
traduit par l'abbé Dubois, M. de Bernay et Cattelain. *Paris,
Barraud,* 1877, in-8, fig., br., couv.

> L'un des **150** exemplaires sur **papier de Chine** (n° 22).

118. **Bac** (F.). Les Amants, contenant 100 dessins en couleurs
Préface par un amant. *Paris, Simonis Empis,* 1808, in-12.
br., couv.

> L'un des **20** exemplaires sur **papier du Japon** (n° 20).

119. **Bac** (F.). La Comédie féminine, contenant 100 dessins
inédits. Préface de Ferdinand Bac. *Paris, Simonis Empis,*
1899, in-12, br., couv.

> L'un des **20** exemplaires sur **papier du Japon** (n° 9).

120. **Bac** (F.). Des Images, contenant 100 dessins. Préface de
Ferdinand Bac. *Paris, Simonis Empis,* 1901, in-12, br.,
couv.

> L'un des **15** exemplaires sur **papier du Japon** (n° 9).

121. **Balades dans Paris.** Au moulin de la Galette. — A l'Hôtel Drouot — Sur les Quais — Au Luxembourg. Notes inédi-

tes par MM. E. R. (Rodrigues). Paul Eudel, B.-H. Gausseron
et Adolphe Retté. *Paris, Imprimé pour les Bibliophiles contemporains, Académie des Beaux Livres*, 1894, pet. in-4, br.,
couv.

> Edition tirée à **180** exemplaires (n° 129), avec 2 états des planches en
> noir et coloriées.
> Eaux-fortes en couleurs de A. Bertrand, texte avec cadres lithographi-
> ques polychromes, composés et mis sur pierre par Alexandre Lunois.

122. **Balzac**. Le Colonel Chabert, avec 1 portrait et 4 compositions de Delort, gravées par Boisson. *Paris, C. Lévy*, 1886,
in-12 carré, pap. vergé teinté, demi-rel. dos et coins de mar.
bleu, tête dor., non rog., couv.

123. **Balzac**. Les Contes drolatiques, colligez ez abbayes de
Touraine, pour l'esbattement des Pantagruelistes et non aul-
tres. Cinquiesme édition, illustrée de 425 dessins par G. Doré.
*Se trouve à Paris, ez bureaux de la Société générale de
librairie*, 1855, in-8, mar. rouge, dos orné, fil. dent. int., tête
dor., non rog. (*Capé*).

> Premier tirage des illustrations de Gustave Doré.

124. **Balzac**. La Cousine Bette. Dix Compositions par G. Caïn,
gravées à l'eau-forte par Gaujean et Géry-Bichard. *Paris,
Quantin*. 1888, gr. in-8, demi-rel. dos et coins de mar. bleu,
tête dor., non rog., couv.

> L'un des **50** exemplaires sur **papier du Japon** avec deux suites des
> planches (n° 34).

125. **Balzac**. La Grenadière. Six compositions dessinées et gravées à l'eau-forte par A. Lalauze. Avant-propos de Georges
Vicaire. *Paris, Henri Leclerc*, 1901, in-8, fig., br., couv.

> L'un des **200** exemplaires sur **papier Whatman** (n° 224).

126. **Balzac**. Histoire de l'Empereur racontée dans une grange
par un vieux soldat. Préface de Henry Houssaye. *Paris,
Henri Leclerc*, 1904, pet. in-4, fig. en coul., br., couv.

> Ouvrage orné d'eaux-fortes en couleurs gravées par Adolphe Lalauze
> d'après les aquarelles originales de son fils Alphonse Lalauze.
> L'un des **200** exemplaires sur **papier vélin** (n° 202).

127. **Balzac.** La Mye du Roy, conte drolatique, manuscrit et enluminé par Léon Lebègue. *Paris, Ch. Carrington,* 1902, pet. in-4, titre r. et n., texte encadré de fil. rouges, br., couv.

L'un des **25** exemplaires sur **papier du Japon** (nº 6) avec le tirage à part en noir des illustrations.

128. **Balzac.** Le Péché Véniel. Dix-sept compositions de Paul Avril, gravées à l'eau-forte par Edouard Léon et Raoul Serres. *Paris, Ch. Bosse,* 1901, gr. in-8, br., couv.

L'un des **65** exemplaires sur **papier du Japon** (n° 44) avec **3 états** des eaux-fortes dont l'eau-forte pure.

129. **Balzac.** Les Proscrits. Dix-neuf compositions dessinées et gravées à l'eau-forte par Gaston Bussière. *Paris, F. Ferroud,* 1905, in-8 carré, br., couv. illust.

L'un des **140** exemplaires sur **papier vélin** (nº 124).

130. **Balzac.** La Pucelle de Thilouze, conte drôlatique par H. de Balzac, manuscrit et enluminé par Léon Lebègue. *Paris, Ch. Carrington,* 1901, pet. in-4, pap. de Holl., caract. goth., titre r. et n., texte encadré d'un double fil. r., br , couv.

Tiré à **200** exemplaires numérotés pour les Souscripteurs (nº 111), avec une suite en noir avant la lettre sur Chine volant.

131. **Balzac.** Une Rue de Paris et son habitant. Avant-propos par M. le Vᵗᵉ de Spoelberch de Lovenjoul. Illustrations de François Courboin. *Paris, A. Rouquette,* 1899, gr. in-8, br., couv.

Tirage unique à **125** exemplaires numérotés sur **papier vélin** (nº 92).

132. **Banville** (Théodore de). Gringoire. Comédie en un acte, en prose. Un portrait et quatorze compositions de J. Wagrez, gravés à l'eau-forte par L. Boisson. *Paris, Librairie L. Conquet — L. Carteret et Cie, succ.,* 1899, gr. in-8, cart. dos de mar. rouge foncé, dos orné de fers à froid, non rog., couv.

L'un des **50** exemplaires sur **papier vélin** (n° 65) avec **2 états** des planches.

133. **Banville** (Théodore de). Les Princesses. Compositions de Georges Rochegrosse, gravées à l'eau-forte par E. Decisy. *Paris, F. Ferroud.* 1904, gr. in-8, br., couv.

L'un des **270** exemplaires sur **papier vélin d'Arches** (nº 324).

134. **Bapst** (G.). Souvenirs d'un Canonnier de l'Armée d'Espagne 1808-1814. Lithographies de Lunois. *Paris, Rouam et Cie,* 1892, in-4, br., couv.

Exemplaire sur **papier de Hollande** avec les figures sur **papier de Chine.**

135. **Barbey d'Aurevilly** (J.). Le Rideau cramoisi. Eaux-fortes en couleurs de A. Rassenfosse. *Bruxelles, Edmond Deman,* 1907, in-4, br., couv. illust.

Tirage unique à **125** exemplaires (n° 110).

136. **Barrie** (J.-M.). Piter Pan, dans les Jardins de Kensington. (Conte tiré du « Petit Oiseau Blanc »). Illustré par Arthur Rackham. *Paris, Hachette et Cie,* 1907, in-4, cartonn. de l'éditeur, non rog.

Ouvrage orné de 50 planches hors texte en couleurs par Arthur Rackham.
L'un des **20** exemplaires de grand luxe sur **papier du Japon,** signés par l'artiste (n° 4).

137. **Beaumarchais.** Le Barbier de Séville, comédie en quatre actes. — Le Mariage de Figaro, comédie en cinq actes. Notice par Auguste Vitu. Dessins de S. Arcos, gravés à l'eau-forte par Monziès. *Paris, Librairie des Bibliophiles,* 1882, 2 vol. in-8, br., couv.

L'un des **20** exemplaires sur **papier de Chine** (n° 16), avec les figures en **2 états** avant et avec la lettre.

138. **Bédier** (J.). Le Roman de Tristan et Iscult, reconstitué d'après les poèmes français du XIIe siècle et illustré par Robert Engels. *Paris, l'Edition d'Art, H. Piazza,* 1900, in-4, br., couv., emboitage.

L'un des **230** exemplaires sur **papier vélin des Vosges** (n° 154).

139. **Béjot** (Eug.). Du Ier au XXe. Les Arrondissements de Paris. 20 eaux-fortes originales de Eugène Béjot. Préface de Jules Claretie. *Paris, Propagation des Livres d'Art,* 1900, in-4 en feuilles dans un carton.

Exemplaire sur **papier de Hollande** non destiné au commerce et tiré spécialement pour Monsieur A.-V. Lesperon d'Anfreville, membre de la Société.

140. **Bergerat** (Emile). L'Espagnole. Illustrations de Daniel Vierge, gravées sur bois par Clément Bellenger. *Paris, L. Conquet,* 1891, in-16, br., couv.

L'un des **350** exemplaires sur **papier vélin du Marais** (n° 260).

141. **Bergeret** (Gaston). Les Evénements de Pontax. Écriture manuscrite et aquarelles originales d'après Henriot. *Paris, librairie Conquet, Carteret et Cie, successeurs,* 1899, gr. in-8, br., couv.

L'un des **175** exemplaires sur **papier vélin** (n° 133).

142. **Bernard** (Ch. de). Gerfaut. Dix illustrations de Adolphe Weisz. Gravées à l'eau-forte. *Paris, Quantin,* 1889, in-4, demi-rel. dos et coins de mar. rouge, tête dor., non rog.

L'un des **50** exemplaires sur **papier du Japon** (n° 49), avec les **2** états des planches.

143. **Bertheroy** (Jean). Femmes antiques. — La Légende. — L'Histoire. — La Bible. Ouvrage couronné par l'Académie française. Illustrations de Bouguereau, E. Adan, Falguière, G. Rochegrosse, Hector Le Roux, Maurice Leloir, G. Clairin, J.-P. Laurens, Ed. Toudouze, Fernand Lematte, gravées par E. Champollion. *Paris, L. Conquet,* 1892, in-8, demi-rel. dos et coins de mar. bleu, dos orné, tête dor., non rog., couv.

L'un des **200** exemplaires sur **papier vélin**.

144. **Bertrand** (Louis). Gaspard de la nuit. Fantaisies à la manière de Rembrandt et de Callot. Cinquante illustrations de J. Fontanez. *Paris, Société d'Editions d'Art « Le Livre et l'Estampe »,* 1903, in-8, br., couv.

L'un des **25** exemplaires sur **papier du Japon** (n° 10), contenant deux suites des illustrations dont le premier état avec remarques, plus une planche refusée et un **dessin original** inédit de **J. Fontanez**.

145. **BIBLIOTHÈQUE ARTISTIQUE MODERNE.** *Paris, Librairie des Bibliophiles,* 1883-1891, 17 vol. in-8, pap. vélin de Hollande, br., couv.

Collection complète : Contes de A. Daudet. Eaux-fortes par Eug. Burnand. — Le Roi des Montagnes, par Edm. About, dessins de Delort gra-

vés par Mongin. — Le Capitaine Fracasse, par Th. Gautier, dessins de De-
lort et un portrait gravé par Mongin, 3 vol. — Une page d'amour, par
Émile Zola, dessins de Ed. Dantan, et un portrait gravé par Duvivier, 2
vol.— Servitude et Grandeur militaires, par A. de Vigny, dessins de J. Le
Blant et un portrait gravé par Champollion. — Jocelyn, par Lamartine,
dessins de Besnard et un portrait gravé par de Los Rios et Champollion.
— Graziella, par Lamartine, dessins de Bramtot, gravés par Champollion.
— Le Chevalier des Touches, par J. Barbey d'Aurevilly, dessins de J. Le
Blant, gravés par Champollion. — Nouvelles de Mérimée, illustrations de
Bramtot, Merson, etc. — Les Filles du Feu, par Gérard de Nerval, dessins
de E. Adan, gravés par Le Rat. — Théâtre de Musset, dessins de Delort,
gravés par Boilvin, 4 vol.

**146. BIBLIOTHÈQUE DES CHEFS-D'ŒUVRE DU RO-
MAN CONTEMPORAIN**, publiée par Quantin, illustrée
d'eaux-fortes, 14 vol. in-8, br., couv.

> Collection complète.
> Balzac. Le Père Goriot et la Cousine Bette, 2 vol. — Ch. de Bernard.
> Gerfaut. — J. Claretie. Monsieur le Ministre. — A. Daudet. Sapho. — O.
> Feuillet. Monsieur de Camors. — G. Flaubert. Salammbô. — G. Flaubert.
> Madame Bovary. — De Goncourt. Germinie Lacerteux. — Lamartine. Ra-
> phaël. — G. Sand. La Mare au Diable et Mauprat, 2 vol. — A. de Vigny.
> Cinq-Mars, 2 vol.

147. Boccace. Le Décaméron. Illustrations de Jacques Wagrez,
traduction et notes de Francisque Reynard. *Paris, G. Boudet*, 1890, 3 vol. in-4, pap. vél., titre r. et n., vign., planches
hors texte, culs-de-lampe et lettres ornées, demi-rel. dos et
coins de mar. rouge, tête dor., non rog., couv.

148. Bouchot (Henri). Catherine de Médicis. (Illustrations d'a-
près des documents contemporains). *Paris, Goupil et Cie. —
J. Boussod, Manzi, Joyant et Cie, succ.*, 1899, in-4, br.,
couv.

> Illustré de 1 portrait-frontispice en couleurs, 48 planches en photogra-
> vure dont 40 hors texte en noir ou en plusieurs tons.
> L'un des **1000** exemplaires sur **papier de Rives** (n° 863).

149. Bouchot (Henri). L'Epopée du costume militaire français.
Aquarelles et dessins originaux de Job. *Paris, L. Henri May*,
s. d., in-4, br., couv.

> L'un des **50** exemplaires sur **papier du Japon** (n° 3), contenant
> un **dessin original** de **Job**.

150. Boulan (G. du). L'Enigme d'Alcestre. Nouvel aperçu his-

torique, critique et moral sur le XVIIe siècle, avec un portrait
inédit de Molière. *Paris, A. Quantin*, 1879, in-12, br., couv.

> L'un des **10** exemplaires sur **papier du Japon** (n° 9), avec le portrait en **3 états**.

151. **Boutet** (Henri). Almanach pour les années 1887-1888-1889-
1890-1891-1892-1893-1894-1895-1899-1900-1901. *Paris*, 1887-
1901, 12 vol. in-32, fig., br., couv. illust.

> Collection complète.
> Les années 1899-1900-1901 sont tirées sur **papier du Japon**.

152. **Boutet** (Henri). Autour d'Elles. — Le Lever. — Le Coucher.
Préface par Armand Silvestre. *Paris, Ollendorff*, 1899, pet.
in-8 carré, avec illustrations en couleurs, br., couv., emboîtage.

> L'un des **30** exemplaires sur **papier du Japon** (n° 11).

153. **Camuset** (Dr). Les Sonnets du Docteur. Troisième édition.
Paris, chez la plupart des libraires (Imprimé par Darantière, à Dijon, 1893), in-8 carré, texte encadré, br., couv.

> Edition ornée de 3 eaux-fortes de Félicien Rops.

154. **Capitales du monde** (Les), par F. Coppée, A. Dayot, Ch.
Dilke, Melchior de Vogüé, Mme Adam, A. Proust, Em. Castelar, etc., etc. *Paris, Hachette et Cie*, 1892, in-4, nomb. fig.
dans le texte et planches hors texte, en feuilles, dans un carton.

> L'un des **100** exemplaires sur **papier vélin** glacé et teinté (n° 39).

155. **Caquets** (Les) de l'accouchée, publiés par D. Jouaust, avec
une préface de Louis Ulbach. Eaux-fortes par Ad. Lalauze.
Paris, Jouaust, 1888, in-8, br., couv.

> L'un des **170** exemplaires sur **papier de Hollande** (n° 144).

156. **Caquets de l'Accouchée** (Les), publiés par D. Jouaust.
avec une préface de Louis Ulbach. Eaux-fortes par Ad. Lalauze. *Paris, Librairie des Bibliophiles*, 1888, in-8, br.,
couv.

> L'un des **15** exemplaires sur **papier du Japon** (n° 33), avec le tirage à part des vignettes et culs-de-lampe.

157. **Causeries de Lucine** (les). Etude. Psychologie sexuelle.
Préface du Docteur Minime. *Paris, L. Gougy, s. d.,* in-8, br.,
couv.

L'un des **500** exemplaires sur **papier vergé** (n° 118).

158. **Cazotte** (Jacques). Le Diable amoureux, avec la préface de
Gérard de Nerval. Sept eaux-fortes par Ad. Lalauze. *Paris,
Librairie des Bibliophiles,* 1883, in-8, br., couv.

L'un des **170** exemplaires sur **papier de Hollande** (n° 54).

159. **Caylus** (Souvenirs de Madame de). Préface par Voltaire.
Notice de M. de Lescure. Nouvelle édition illustrée par Lionel
Péraux, gravures au burin et à l'eau-forte par Léon Boisson.
Paris, L. Carteret, 1908, in-8, br., couv.

L'un des **200** exemplaires sur **papier vélin** (n° 313).

160. **Cervantès** (Michel). L'Histoire de Don Quichotte de la Man-
che, première traduction française, par C. Oudin et F. de Ros-
set, avec une préface par E. Gebhart. Dessins de J. Worms,
gravés à l'eau-forte par de Los Rios. *Paris, Librairie des Bibliophiles,* 1884, 6 vol. in-8, br., couv.

L'un des **170** exemplaires sur **papier de Hollande** (n° 139).

161. **Chahine** (Edgar). Suite de un portrait et de 14 eaux-fortes
pour illustrer : Dans l'Antichambre (Histoire d'une minute)
par Octave Mirbeau. *Edition de la collection des Goncourt,*
in-folio, couv.

162. **Chamisso** (A. de). Pierre Schlemihl ou l'homme qui a
perdu son ombre suivi d'un choix de ses poésies, dessins de
Myrbach imprimés dans le texte, préface par Henry Fouquier.
Paris, Librairie des Bibliophiles, 1887, in-4, fig., br., couv.
dans un carton.

L'un des **35** exemplaires sur **papier du Japon** (n° 44).

163. **Champfleury.** Contes choisis. Les Trouvailles de Monsieur Bretoncel. — La Sonnette de Monsieur Berloquin. —

Monsieur Tringle. Nombreuses illustrations dans le texte à l'eau-forte et en typographie, par Evert Van Muyden. *Paris, Quantin,* 1889, pet. in-4, br., couv.

> Exemplaire sur **papier du Japon**, avec le portrait de l'auteur en **2 états** et les tirages à part en **3 états**.

164. **CHAMPFLEURY. Le Secret de M. Ladureau.** *Paris, E. Dentu,* 1875, in-12, mar. bleu, dos orné, encadrem. de fil. sur les plats, doublé de mar. La Vall. dent. intér., tr. dor. *(Cuzin).*

> Edition originale, avec la couverture.
> Exemplaire sur **papier vergé**, enrichi d'un **portrait à l'aquarelle** et de **42 dessins originaux** de **H. Maunet.**
> Lettre autographe de Champfleury.

165. **Champfleury.** Le Violon de Faïence. Nouvelle édition illustrée de 34 eaux-fortes, de Jules Adeline, avant-propos de l'auteur. *Paris, L. Conquet,* 1885. — **Adeline** (Jules). La Légende du Violon de Faïence. Huit compositions gravées à l'eau-forte par l'auteur. *Paris, L. Conquet,* 1895. Ensemble un vol. pet. in-8, cart. dos et coins de mar. bleu, tête dor., non rog., couv. *(Petitot).*

> L'un des **150** exemplaires sur **papier du Japon** (n° 79).

166. **Champsaur** (Félicien). Lulu, roman clownesque illustré de 200 dessins de maîtres (Bac, Cappielo, Chéret, Helleu, Louis Legrand, Louis Morin, Rassenfosse, Robaudi, Rodin, Rops, Steinlen, etc., etc.). *Paris, E. Fasquelle,* 1901, in-12, tiré in-8, br., couv. illust.

> L'un des **30** exemplaires sur **papier du Japon.**

167. **Chansons de l'ancienne France.** Imaginées par W. Graham Robertson. *Paris, pour les Bibliophiles indépendants, chez H. Floury,* 1905, in-4, illustrations en noir et en couleurs, br., couv. illust.

> Tiré à **150** exemplaires sur **papier vélin d'Arches** pour les Bibliophiles indépendants (n° 148).

168. **CHEFS-D'ŒUVRE ANTIQUES** (Petits). *Paris, Quantin,* 1878-1889, 14 vol. in-32, en-têtes et encadrements en plusieurs tons, demi-rel. dos et coins de mar. de différentes couleurs, dos ornés, non rog., couv.

> Collection complète : Apulée. L'Amour et Psyché. — Longus. Daphnis et Chloé. — Musée. Héro et Léandre. — Ovide. Les Amours. — Tatius. Leucippe et Clitophon. — Lucien. Dialogues des Courtisanes. — Virgile. Les Bucoliques. — Anacréon et Sapho. Poésies. — Apollonius de Rhodes. Jason et Medée. — Horace. Odes et Epodes. — Théocrite. Les Idylles. — Properce. — Les Elégies. — Lucius. L'Ane. — Catulle. Odes à Lesbie et Epithalame de Thétis et Pélée.

169. **Christian** (Arthur). Débuts de l'Imprimerie en France. L'Imprimerie Nationale. L'Hôtel de Rohan. *Paris, Imprimerie Nationale,* 1905, in-4, fig., br., couv.

> Exemplaire avec envoi autographe signé de l'auteur à M^r d'Anfreville.

170. **Claretie** (Jules). Bouddha, 1 frontispice et 10 vignettes dessinés par Robaudi, gravés par A. Nargeot. *Paris, L. Conquet,* 1888, in-16, br., couv.

> L'un des 250 exemplaires sur papier vergé du Marais (n° 194).

171. **Claretie** (Jules). La Canne de M. Michelet — Promenades et Souvenirs — Préface par Alfred Mézières. Douze compositions de P. Jazet, gravées à l'eau-forte par H. Toussaint. *Paris, L. Conquet,* 1886, in-8, br., couv.

> L'un des **75** exemplaires tirés sur **papier du Japon** (n° 85), avec **2 états** des planches, dont l'avant la lettre.

172. **Claretie** (Jules). Monsieur le Ministre. Dix compositions par Adrien Marie gravées à l'eau-forte par Wallet. Edition nouvelle avec une préface inédite. *Paris, Quantin, s. d.,* in-8, br., couv.

> L'un des **50** exemplaires sur **papier du Japon** avec deux suites des planches.

173. **Claretie** (Jules). Une Visite à l'Imprimerie nationale. *Paris, Imprimerie nationale,* 1904, in-4, br., couv.

> Tiré à petit nombre.
> Envoi autographe signé de l'auteur.

174. **Collection Calmann-Lévy**. *Paris*, 1895-97, 6 vol. pet. in-8, br., couv.

> Alex. Dumas fils. Ilka, ill. de Marold. — Gyp. Petit-Bleu, ill. de Marold. — Pierre Loti. Les Trois dames de la Kasbah, ill. de G. Courtellemont. — Prosper Mérimée. Colomba, ill. de G. Vuillier. — Ernest Renan. Ma sœur Henriette, ill. d'apr. H. Scheffer et Ary Renan. - Paul Gerusez. A pied, à cheval, en voiture, illustrations par Crafty.

175. **COLLECTION DE L'ACADÉMIE DES GONCOURT.** *Paris, Librairie de la Collection des Dix, A. Romagnol, éd.*, s. d., 12 vol. pet. in-8, br., couv.

> L'un des **200** exemplaires tirés sur **papier vélin d'Arches.**
> Goncourt (E. et J. de). Les Aventures du jeune baron de Knifausen, illustrations et gravures de Louis Morin.—Alphonse Daudet. La Comtesse Irma, illustrations et gravures en coul. de Pierre Vidal.—J.-K. Huysmans. Le Quartier Notre-Dame, ill. et grav. de Ch. Jouas. — Léon Hennique. Benjamin Rozes, illust. et grav. de Vadasz. — Octave Mirbeau. Dans l'Antichambre (histoire d'une minute), ill. d'Edg. Chahine. — Paul Margueritte. A la mer, ill. d'Henri Zo, gr. sur bois par Gaspe, P. selli, etc. — Lucien Descaves. Flingot, compositions et grav. à l'eau-forte de G. Jeanniot. — J.-H. Rosny. Bérénice de Judée, ill. de Léonce de Joncières, grav. à l'eau-forte. — Gustave Geffroy. La Servante, ill. de Géo Dupuis. — Léon Daudet. Un Sauvetage, ill. de Ch. Fouqueray, reprod. en coul. par Fortier-Marotte. — Elémir Bourges. L'Enfant qui revient, ill en coul. de Louis Malteste. — J. Renard. Ragotte, ill. de Malo Renault.

176. **Collection Lahure**. *Paris, Lahure. Rouveyre et Blond*, 1883-1884, 3 vol. in-8, pap. vél. teinté, br., couv. ill. en coul.

> Le Conte de l'Archer, par A. Silvestre, aquarelles de A. Poirson, gravées par Gillot. — Voyage de Paris à Saint-Cloud par mer et retour de Saint-Cloud à Paris par terre, par Néel, aquarelles de Jeanniot, gravées par Gillot. — La Matrone du Pays de Soung. Les Deux Jumelles (Contes Chinois), aquarelles de V. A. Poirson.

177. **Commanville** (Caroline). Souvenirs sur Gustave Flaubert. Texte et illustrations par Caroline Commanville. *Paris, A. Ferroud*, 1895, in-8, port., texte orné d'un encad. et fig., br., couv.

> L'un des **430** exemplaires sur **papier vélin.**

178. **COPPÉE** (François). **Le Passant**, comédie en un acte, en vers. Reproduction en fac-similé du manuscrit de l'auteur et d'une page de musique de J. Massenet. Compositions de

Louis-Edouard Fournier, eaux-fortes de Léon Boisson. *Paris, A. Magnier,* 1897, gr. in-8, en feuilles, dans un emboitage.

L'un des **15** exemplaires sur **papier du Japon** (n° 3) avec **4 états** des eaux-fortes.

179. **Cousin** (Ch.). Racontars illustrés d'un vieux collectionneur, par l'auteur du « Voyage dans un Grenier » (par Charles Cousin). *Paris, Librairie de l'Art,* 1887, 2 vol. gr. in-4, br., couv.

Un des **150** exemplaires numérotés sur **papier du Japon** (n° 140), renfermant plusieurs tirages successifs des Chromotypies qui ornent l'ouvrage, les eaux-fortes pures de plusieurs planches, d'autres tirées à la sanguine, etc. Certaines pièces figurent en dix états différents.

180. **Daudet** (Alphonse). Fromont jeune et Risler aîné, mœurs parisiennes. Notice littéraire par Gustave Geffroy. Douze compositions de Em. Bayard, gravées à l'eau-forte par J. Massard. *Paris, L. Conquet,* 1885, 2 vol. in-8, br. couv.

L'un des **125** exemplaires tirés sur **papier du Japon** (n° 102), contenant **2 états** des gravures (avant et avec la lettre).

181. **Daudet** (Alphonse). La Mort du Dauphin. Illustrations de O. D. V. Guillonnet, gravées à l'eau-forte par Xavier Lesueur. *Paris, F. Ferroud, s. d.* (1907), pet. in-4, br., couv. impr. en couleurs.

L'un des **175** exemplaires tirés sur **papier de Hollande** (n° 120).

182. **Daudet** (Alphonse). Port Tarascon. Dernières aventures de l'Illustre Tartarin. Dessins de Biller, Couconi, Montégut, Moutenard, Myrbach et Rossi. *Paris, E. Dentu,* 1890, in-8, fig. br., couv. ill.

L'un des **50** exemplaires sur **papier de Chine.**

183. **Daudet** (Alphonse). Le Roman du Chaperon-Rouge. Neuf lithographies originales de Louis Morin. *Paris, L. Carteret et Cie,* 1903, gr. in-8, br., couv.

Exemplaire de grand choix sur **papier vélin du Marais** offert par l'éditeur à Monsieur d'Anfreville.

184. **Daudet** (Alphonse). Sapho. Mœurs parisiennes. Dix Illus-
trations de Rejchan gravées à l'eau-forte par E. Abot et A.
Duvivier. Vignettes dans le texte par G. Montaigut. *Paris,
Quantin*, 1888, gr. in-8, br., couv.

> Exemplaire sur **papier du Japon** avec les eaux-fortes et le médaillon
> du titre en **2 états**.

185. **DAUDET** (Alphonse). **Sapho**. Compositions de Auguste-
François Gorguet, gravures à l'eau-forte de Louis Muller.
Paris, A. Magnier, 1897, gr. in-8, br., couv.

> L'un des **38** exemplaires sur **papier du Japon** (n° 40) avec **3 états**
> des illustrations dans le texte et **4 états** des hors-texte.

186. **Dayot** (Armand). L'Image de la Femme. *Paris, Librairie
Hachette et Cie*, 1899, gr. in-8, en feuilles, couv. parch. dans
un carton.

> 20 planches en taille douce et 350 gravures.
> L'un des **10** exemplaires sur **papier du Japon** (n° 9).

187. **Dayot** (A.). Journées révolutionnaires, 1830-1848, d'après
des peintures, sculptures, dessins, lithographies, médailles,
autographes, objets du temps. *Paris, E. Flammarion, s. d.*,
in-4 obl., br., couv.

> L'un des **50** exemplaires sur **papier du Japon** (n° 24).

188. **Demesse** (Henri). Les Récits du Père Lalouette. Illustrations par MM. Albert Bertrand, G. Bigot, H. Giacomelli, Aug.
Lançon, Maurice Leloir, Edmond Morin. *Paris, P. Ollendorff*,
1882, pet. in-4, cart. dos de mar. orange, tête dor., non rog.,
couv.

> L'un des **25** exemplaires sur **papier de Chine** (n° 23).

189. **Detouche** (Henry). Les Péchés capitaux. Illustrations de
Henry Detouche. *Paris, Boudet, s. d.*, in-4, cart. dos et coins
de mar. vieux rouge, tête dor., non rog. (*Meunier*).

> L'un des **25** exemplaires sur **papier du Japon** (n° 8), avec les illustra-
> tions en **2 états**.

190. **Detouche** (Henry). Les peintres de la femme intégrale. Félicien Rops et A. Willette. Frontispice en couleurs de F. Rops.

Lithographie originale de A. Willette. *Paris, A. Blaizot,* 1906, in-4, fig., br., couv.

L'un des **100** exemplaires sur **papier vélin d'Arches** (n° 82).

191. **Dickens** (Charles). Monsieur Minns. — Horace Sparkins. Esquisses humoristiques de Charles Dickens, adaptées par F. de Montfrileux (Illustrations en couleurs de Harry Eliott). *Paris, Le Livre et l'Estampe, s. d.* (1903), pet. in-4, br., couv. illust. en coul.

L'un des **60** exemplaires sur **papier d'Arches** (n° 47), contenant un **dessin original** de **Harry Eliott** ayant servi à l'illustration du livre.

192. **DIEHL** (Charles). **Théodora**, impératrice de Byzance. Illustrations (en couleurs) de Manuel Orazi. *(Paris). L'Edition d'Art, H. Piazza et Cie, s. d.* (1904), in-8 carré, br., couv. en carton.

L'un des **10** exemplaires tirés sur **papier du Japon** (n° 3), contenant une **aquarelle originale** de **Manuel Orazi**, un tirage à part en couleurs sur Japon et un tirage à part, en noir, de toutes les illustrations.

193. **Diguet** (Charles). Les jolies femmes de Paris. Vingt eaux-fortes par Martial, ornements par (Edouard) Morin. *Paris, Librairie Internationale,* 1870, in-8, br., couv.

L'un des **326** exemplaires sur **papier vergé** (n° 177).

194. **DINET** (Etienne). **Mirages**. Scènes de la vie arabe. Compositions de E. Dinet, commentées par Sliman Ben Ibrahim Bamer. *(Paris), l'Edition d'Art, H. Piazza et Cie,* 1906, in-8 carré, 53 grandes compositions en couleurs, dont 25 hors texte, br., couv. dans un carton.

L'un des **40** exemplaires sur **papier du Japon** (n° 26), avec un état en noir des illustrations.

195. **Dionis Duséjour** (Mlle). L'Origine des Grâces, poème. Réimpression textuelle de l'édition de Paris, 1777, ornée de 6 gravures en taille-douce, d'après les dessins de Cochin. *Paris, J. Lemonnyer,* 1883, in-8, en feuilles, dans un élégant cartonnage en satin.

Tirage d'amateur limité à **250** exemplaires sur **papier du Japon**, numérotés à la presse (n° 170).

196. **Dix-huitième Siècle** (Le). Les Mœurs, les Arts, les Idées. Récits et témoignages contemporains. *Paris, Hachette et Cie,* 1899, in-4, fig. en feuilles dans un carton.

> L'un des **5** exemplaires sur **papier du Japon** (n° 3).

197. **Doré** (G.). Histoire pittoresque, dramatique et caricaturale de la Sainte Russie, d'après les chroniqueurs et historiens, Nestor, Nikan, Sylvestre, Karamsin, Ségur, etc. Commentée et illustrée de 500 magnifiques gravures par Gustave Doré, gravées sur bois par toute la nouvelle école, sous la direction générale de Sotain. *Paris, J. Bryamé,* 1854, in-4, br., couv. illust.

> Premier tirage des illustrations de Gustave Doré.
> Exemplaire lavé et encollé.

198. **Doucet** (Jérôme). Anacréon (Introduction et pièces choisies). Illustré de huit compositions de Louis-Edouard Fournier, eaux-fortes de Pennequin. *Paris, A. Ferroud,* 1903, in-8, br., couv.

> L'un des **150** exemplaires sur **papier vélin du Marais** (n° 163).

199. **Doucet** (Jérôme). Pétrone (Introduction et Fragments). Illustré de huit compositions de Louis-Edouard Fournier, eaux-fortes de Xavier Lesueur. *Paris, A. Ferroud,* 1892, in-8, br., couv. illust.

> L'un des **150** exemplaires sur **papier du Marais** (n° 210), avec les eaux-fortes avec la lettre.

200. **Doucet** (Jérôme). Princesses de Jade et de Jadis. Aquarelles de Lorant-Heilbronn. *Paris, Société d'Editions d'Art,* « *Le Livre et l'Estampe* », 1903, in-4, br., couv.

> L'un des **25** exemplaires sur **papier du Japon** (n° 33), auquel on a ajouté une **aquarelle originale** de **Lorant-Heilbronn**.

201. **Douglas** (Robert). Sophie Arnould, traduit par Charles Grolleau. Compositions par Ad. Lalauze. *Paris, Ch. Carrington,* 1898, in-8, br., couv.

> L'un des **50** exemplaires sur **papier de Hollande** (n° 31) avec **2 états** des eaux-fortes.

202. **Droz** (G.). Monsieur, Madame et Bébé. Edition illustrée par Ed. Morin et ornée d'un portrait de l'auteur en frontispice, gravé par Léop. Flameng. *Paris, V. Havard*, 1878, gr. in-8, cart. bradel, vélin blanc, tête dor., non rog., couv.

L'un des **150** exemplaires sur **papier de Hollande** (n° 2).

203. **Du Buisson.** Tableau de la Volupté. Réimpression sur l'édition de A. Cythère, 1771. *Paris, Edouard Rouveyre*, 1882, pet. in-8, fig. br.

Exemplaire unique imprimé sur **parchemin** avec les figures en **2 états**, dont un en bistre avant la lettre.

204. **Du Camp** (Maxime). Une Histoire d'Amour. Un portrait gravé par A. Lamotte, huit compositions de P. Blanchard, gravées par Buland. *Paris, L. Conquet*, 1888, in-16, br., couv.

L'un des **35** exemplaires sur **papier du Japon** (n° 94) avec les figures en **2 états**.

205. **Dumas** (Alexandre). Le Capitaine Pamphile. Edition illustrée de 103 vignettes dont 26 hors texte, par Bertall. *Paris, Calmann-Lévy, s. d.*, gr. in-8, br., couv.

Exemplaire de premier tirage.

206. **Dumas** (Alexandre). Le Chevalier de Maison-Rouge. Illustrations de Julien Le Blant, gravées sur bois par Léveillé, 2 vol. — Le Chevalier de Maison-Rouge. Compositions de Julien Le Blant, gravées à l'eau-forte par Géry-Bichard, préface par G. Larroumet. Album de 10 planches. *Paris, E. Testard*, 1894, 2 vol. gr. in-8, br. couv. et Album, gr. in-8, en portefeuille.

207. **DUMAS** (Alexandre). **La Dame de Monsoreau.** Compositions de Maurice Leloir, gravures sur bois de J. Huyot. *Paris, Calmann Lévy*, 1903, 2 vol. gr. in-8, br., couv.

L'un des **100** exemplaires tirés sur **papier de Chine** (n° 52), avec les tirages à part de chaque gravure.

On y joint : Catalogue de 245 dessins originaux pour La Dame de Monsoreau. *Paris*, 1903, gr. in-8, br., couv.

208. **Dumas** (Alexandre). Histoire de mes bêtes. Edition illustrée d'un beau portrait de l'auteur de 11 dessins hors texte par Adrien Marie et de nombreuses vignettes dans le texte. *Paris, Calmann Lévy, s. d.*, gr. in-8, br., couv.

Exemplaire de premier tirage.

209. **Dumas** (Alexandre). Les Trois Mousquetaires, avec une lettre d'Alexandre Dumas fils. Compositions de Maurice Leloir, gravures sur bois de J. Huyot. *Paris, Calmann Lévy,* 1894, 2 vol. gr. in-8, br., couv.

Exemplaire de premier tirage.

210. **Dumas** (Alexandre). Une Vie d'Artiste. Illustrations de Gaston Melingue. *Paris, Calmann Lévy,* 1902, in-4, br., couv. illust.

L'un des **30** exemplaires sur **papier du Japon** (n° 18).

211. **DUMAS FILS** (Alexandre). Affaire Clémenceau. Mémoire de l'Accusé. *Paris, A. Durel,* 1909, in-4, br., couv. dans un emboîtage.

L'un des **100** exemplaires sur **papier vélin** (n° 6) fabriqué spécialement pour cette édition (n° 3).
Lettre autographiée de M. Jules Claretie.
Réimpression intégrale de l'édition originale en grand papier.
L'édition a été imprimée à 110 exemplaires dont 100 non mis dans le commerce attribués aux membres de la Société « le Livre contemporain ».

212. **Dumas fils** (Alexandre). Un cas de rupture. Illustrations page à page par Eug. Courboin. *Paris, Librairies et Imprimeries réunies, May et Motteroz,* 1892, in-4, br. couv. emboîtage.

L'un des exemplaires sur **papier vélin** (n° 369).

213. **DUMAS FILS** (Alexandre). **La Dame aux Camélias** préface de J. Janin, et nouvelle préface inédite de l'auteur. Illustrations de A. Lynch. *Paris, Quantin, s. d.,* in-4, br., couv. illust.

L'un des **100** exemplaires tirés sur **papier du Japon**, contenant les eaux-fortes en **2 états** dont l'avant lettre avec remarque sur Japon.

4

2I4. **ESPARBÈS** (Georges d'). **Les Demi-Solde.** Roman épique. *Paris, E. Flammarion, s. d.*, in-12, cart. dos et coins de mar. vert, tête dor., non rog. (*Canape*).

> Edition originale, avec la couverture.
> L'un des **20** exemplaires sur **papier de Hollande** (n° 19).
> Exemplaire orné de **11 aquarelles originales** inédites de **H. de Sta.**

2I5. **Esparbès** (Georges d'). La Légende de l'Aigle. Compositions de François Thévenot, gravées par Florian et Romagnol. *Paris, Librairie de la Collection des Dix, A. Romagnol, Directeur*, 1901, in-4, br., couv. illust.

> L'un des **35** exemplaires sur **papier de Chine** (n° 36) contenant le tirage à part sur Chine de tous les bois.

2I6. **FABLIAU DE LA DAME ESCOLIERE** (Cy cōmēce) in-8 carré, de 45 feuillets.

> **Beau Manuscrit** moderne. Calligraphié en écriture gothique à l'imitation des manuscrits du XV° siècle.
> Toutes les pages, ont une brochure différente, peinte or et couleurs, à sujets très variés.

2I7. **Fabre** (Ferdinand). L'Abbé Tigrane, candidat à la papauté, illustré de 1 portrait d'après J.-P. Laurens, et 20 eaux-fortes originales de E. Rudaux. *Paris, L. Conquet*, 1890, pet. in-8, br., couv.

> L'un des **70** exemplaires sur **papier du Japon.**

2I8. **Fabre** (Ferdinand). Sylviane. Illustrations de George Roux, gravées sur bois par Baud et Hamel. *Paris, E. Testard*, 1892, pet. in-8, br., couv.

> L'un des **25** exemplaires sur **papier du Japon** (n° 23) avec les planches hors texte en **2 états.**

2I9. **Feuillet** (Octave). Julia de Trecœur. *Paris, Calmann Lévy*, 1885, in-12, fig. cart. dos et coins de mar. rose, tête dor., non rog.

> L'un des **50** exemplaires sur **papier du Japon** (n° 10) avec 15 eaux-fortes et un portrait d'après Henriot, et **15 aquarelles originales** par **de Sta.**

220. **Feuillet** (Octave). Monsieur de Camors, onze compositions par S. Rejchan, gravées à l'eau-forte par M^mc Louveau-Rouveyre, MM. Daumont et Duvivier. *Paris, Quantin,* 1885, in-4, cart. dos et coins de mar. vert olive, non rog. *(Lemardeley).*

L'un des **100** exemplaires sur **papier du Japon** (n° 55) avec 2 suites des planches et un portrait sur Japon ajouté.

221. **Feuillet** (Octave). Le Roman d'un jeune homme pauvre. Dessins de Mouchot, gravés par Méaulle. *Paris, Quantin, s. d.,* in-4, br., couv.

L'un des **100** exemplaires tirés sur **papier du Japon** avec les figures en **2 états**.

222. **Fille Elisa** (La). Scène d'Atelier en un acte par un auteur bien connu avec illustrations d'un artiste aussi renommé qu'original. *A Rome, au Temple de Vénus, s. d.,* in-12, cart. dos et coins de mar. rouge, non rog. *(Bretault).*

Edition originale, avec la couverture.
Exemplaire avec les figures en **2 états**, orné de **7 aquarelles originales** de **A. de Sta**.

223. **Flaubert** (Gustave). Un Cœur simple, illustré de 23 compositions par Emile Adan, gravées à l'eau-forte par Champollion, préface par A. de Claye. *Paris, A. Ferroud,* 1894, gr. in-8, br., couv.

L'un des **250** exemplaires sur **papier vélin d'Arches** (n° 255).

224. **Flaubert** (Gustave). Hérodias, compositions de G. Rochegrosse, gravées à l'eau-forte par Champollion, préface par A. France. *Paris, A. Ferroud,* 1892, gr. in-8, br., couv.

L'un des **250** exemplaires tirés sur **papier vélin d'Arches** (n° 399).

225. **Flaubert** (Gustave). La Légende de Saint Julien l'Hospitalier, illustré de 26 compositions par Luc-Olivier Merson, gravées à l'eau-forte par Géry Bichard, préface par Marcel Schwob. *Paris, A. Ferroud,* 1895, gr. in-8, br., couv.

L'un des **250** exemplaires tirés sur **papier vélin d'Arches** (n° 342).

226. **Flaubert** (Gustave). Salammbô. Illustrations de G. Rochegrosse, gravées à l'eau-forte par E. Champollion. Préface de Léon Hennique. *Paris, A. Ferroud,* 1900, 2 vol. in-8, br., couv.

L'un des **400** exemplaires sur **papier vélin d'Arches** (n° 346).

227. **Flaubert** (Gustave). Salammbô. Dix compositions par A. Poirson, gravées à l'eau-forte par Mme Louveau-Rouveyre, MM. L. Muller et G. Mercier. *Paris, Maison Quantin, s. d.,* gr. in-8, br., couv.

L'un des **50** exemplaires sur **papier du Japon**, avec deux suites des planches.

228. **Flaubert** (Gustave). La Tentation de Saint Antoine. Compositions de G. Rochegrosse gravées en couleurs par E. Decisy. *Paris, F. Ferroud,* 1907, in-4, br., couv.

L'un des **230** exemplaires sur **papier vélin d'Arches** (n° 238).

229. **FLERS** (Robert de). **Ilsée,** princesse de Tripoli. Lithographies de A. Mucha, lithographies tirées en couleurs ornant chacune des pages du livre. *Paris, l'Edition d'Art, H. Piazza et Cie,* 1897, in-4, br., couv., emboitage.

L'un des **10** exemplaires imprimés sur **papier du Japon** (n° 10). contenant :
1° **Une aquarelle originale** de **A. Mucha.**
2° Un état en couleurs sur Japon.
3° Un état en noir sur Chine.
4° Une suite justificative de toutes les planches rayées.
5° Un portrait de A. Mucha avec dédicace autographe à M. d'Anfreville.

230. **Fleury** (Cte). Le Palais de Saint-Cloud. Ses Origines — — Ses Hotes — Ses Fastes — Ses Ruines. Illustrations hors texte et dans le texte. *Paris, Laurens, s. d.,* in-4, br., couv.

L'un des **15** exemplaires sur **papier du Japon** (n° 1).

231. **Florian.** Fables, préface par A. de Montaiglon. Compositions inédites de Moreau, gravées par Martial. *Paris. P. Rouquette,* 1882, in-16, fig., mar. bleu, dos orné, fil., dent. int., tr. dor. (*Canape-Belz*).

232. **Florian**. Fables, avec une préface par Honoré Bonhomme. Dessins d'Emile Adan, gravés à l'eau-forte par Le Rat. *Paris, Librairie des Bibliophiles,* 1886, in-8, br., couv.

> L'un des **170** exemplaires sur **papier de Hollande** (n° 112).

233. **Florian**. Fables choisies de J.-P. Claris de Florian, illustrées par des artistes japonais sous la direction de P. Barboutan. Tokio. *Paris, Marpon et Flammarion, s. d.,* 2 vol. in-4 obl., pap. Japon, fig. en couleurs, br., couv.

> L'un des **200** exemplaires sur **papier japonais Hosho** (n° 111)

234. **Foë** (Daniel de). Vie et Aventures de Robinson Crusoé. Traduction de Pétrus Borel, avec 8 eaux-fortes par Moulleron, portrait gravé par L. Flameng. *Paris, Librairie des Bibliophiles,* 1878, 4 tomes en 2 vol. in-8, demi-rel. dos et coins de mar. grenat, dos ornés, fil. sur les plats, tête dor., non rog., couv. (*David*).

> L'un des **20** exemplaires sur **papier de Chine** avec les figures en **2 états**.

235. **Forain** (J.-L.). Doux pays. 189 dessins. *Paris, Plon, s. d.,* (1897), pet. in-8 carré, br., couv. illust.

> L'un des **100** exemplaires tirés sur **papier de Chine** (n° 92).

236. **France** (Anatole). L'Affaire Crainquebille. 63 compositions de Steinlen, gravées par Deloche, E. et F. Florian, les deux Froment, Gusman, Mathieu et Perrichon. *Paris, Edouard Pelletan,* 1901, gr. in-8, br.. couv.

> L'un des **343** exemplaires sur **papier vélin du Marais** (n° 142).

237. **France** (Anatole). Les Contes de Jacques Tournebroche. Illustrations de Léon Lebègue. *Paris, Calmann Lévy, s. d.,* pet. in-8, br., couv.

> L'un des **100** exemplaires sur **papier vélin** (n° 8), avec les illustrations en couleurs et la suite en tirage à part de 38 planches tirées en noir sur papier vélin.

238. **France** (Anatole). Histoire comique. Edition illustrée de 28 compositions à la pointe sèche et à l'eau-forte par Edgar Chahine. *Paris, Calmann Lévy, s. d.* (1905), in-4, br., couv.

> L'un des **20** exemplaires tirés sur **papier du Japon** (n° 26), avec la suite sur Japon de toutes les compositions.

239. **FRANCE** (Anatole). **Histoire de Dona Maria d'Avalos et de don Fabricio,** duc d'Andria, manuscrite et enluminée par Léon Lebègue. *Paris, Librairie des Bibliophiles,* 1902, pet. in-4, caract. goth., titre r. et n., texte encadré d'un double fil. r., br., couv.

L'un des **15** exemplaires sur **papier du Japon** (n° 1), contenant une **aquarelle originale de Léon Lebègue,** une suite en deux couleurs et une suite en noir sur **papier de Chine.**

240. **FRANCE** (Anatole). **La leçon bien apprise,** conte inédit. Imagé et Manuscrit par Léon Lebègue tiré en deux tons sur un superbe vélin du Japon, et entièrement aquarellé à la main sous la direction de l'artiste, double tirage des gravures en noir avant texte sur Chine. *Paris, Imprimé pour les Bibliophiles indépendants, H. Floury,* 1898, in-8 carré, br., couv. impr. en couleurs.

Tiré à **210** exemplaires numérotés (n° 90).

241. **FRANCE** (Anatole). **Le Lys rouge.** Compositions de F. Gorguet, gravées sur bois par Desmoulins, Dutheil, Romagnol et en couleur par Ch. Thévenin. *Paris, A. Romagnol,* 1903, gr. in-8, br., couv.

L'un des **45** exemplaires sur **papier du Japon** (n° 39), contenant **2 états** des planches hors texte, l'état terminé en couleur avec remarque et l'état avant la lettre, et une suite sur **Chine** des bois du texte.

On y joint les 6 gravures supplémentaires tirées en couleurs, offertes par l'Éditeur à tous les souscripteurs de cet ouvrage. Epreuves en **2 états,** l'état terminé avec remarque et l'état avant la lettre.

242. **France** (Anatole). Madame de Luzy. Dix compositions dessinées et gravées par Ad. Lalauze. *Paris, A. Ferroud,* 1902, in-12, br., couv.

L'un des **50** exemplaires sur **papier du Japon** (n° 67), avec les eaux-fortes en **2 états.**

243. **FRANCE** (Anatole). **Mémoires d'un Volontaire.** Compositions de Adrien Moreau, gravées à l'eau-forte par Xavier Lesueur. *Paris, A. Ferroud,* 1902, gr. in-8, br., couv.

L'un des **50** exemplaires sur **papier du Japon** (n° 68), avec les eaux-fortes en **3 états** dont l'eau-forte pure.

244. **France** (Anatole). Les Noces corinthiennes. Edition défi-
nitive décorée de vingt compositions d'Auguste Leroux, gravées par Ernest Florian. *Paris, E. Pelletan,* 1902, in-8, br.,
couv.

> L'un des **183** exemplaires sur **papier vélin de cuve** (n° 178).

245. **France** (Anatole). Nos Enfants. Scènes de la ville et des
champs. Illustrations de M. B. de Monvel. *Paris, Hachette et
Cie,* 1887, gr. in-4, en feuilles, couverture, dans un carton.

> Edition originale, avec la couverture illustrée .dans le cartonnage de
> l'éditeur.
> L'un des exemplaires tirés sur **papier du Japon.**

246. **France** (Anatole). Le Procurateur de Judée, avec quatorze
compositions d'Eugène Grasset, gravées par Ernest Florian.
Paris, E. Pelletan, 1902, pet. in-4, br., couv.

> L'un des **368** exemplaires sur **papier vélin du Marais** (n° 220).

247. **France** (Anatole). Sainte Euphrosine. Les actes de la vie
de Sainte Euphrosine d'Alexandrie, en religion frère Sma-
ragde, tels qu'ils furent rédigés dans la laure du Mont-Athos
par Georges Diacre, vignettes et encadrements de L.-Ed.
Fournier, les vignettes gravées à l'eau-forte par E. .Penne-
quin, les encadrements gravés sur bois par Marie. *Paris, F.
Ferroud,* 1906, in-4, br., couv.

> L'un des **145** exemplaires sur **papier vélin d'Arches** (n° 195).

248. **FRANCE** (Anatole). **Thaïs.** Compositions de Paul-Albert
Laurens. Gravures à l'eau-forte de Léon Boisson. *Paris, Librairie de la Collection des Dix,* 1900, gr. in-8, fig., br.

> L'un des **20** exemplaires sur **papier du Japon** (n° 4), contenant **3
> états** des illustrations du texte et **4 états** des hors texte.

249. **France** (Hector). Sous le Burnous, orné de 22 compositions par Paul Avril. *Paris, Carrington,* 1899, in-8, br., couv.
impr.

> L'un des **300** exemplaires sur **papier vergé d'Arches** (n° 337).

250. **FROMENTIN** (Eugène). **Sahara et Sahel.** Un été dans le Sahara. Une année dans le Sahel. Edition illustrée de douze eaux-fortes par Le Rat, Courtry et Rajon, d'une héliogravure par le procédé Goupil et de quarante-cinq gravures en relief d'après les tableaux, les dessins et les croquis d'Eugène Fromentin. *Paris, Plon et Cie*, 1879, in-4, br., couv.

> L'un des rares exemplaires réservés, imprimés sur **papier de Chine**.

251. **Gautier** (Théophile). Le Capitaine Fracasse, illustré de 60 dessins de Gustave Doré. *Paris, Charpentier, 28, quai de l'Ecole*, 1866, gr. in-8, demi-rel. dos et coins de mar. dos orné, tête dor., non rog.

> Premier tirage des illustrations de Gustave Doré, avec la couverture (premier plat).
> On a ajouté un portrait de Th. Gautier, gr. à l'eau-forte par Thérond.

252. **GAUTIER** (Théophile). **Emaux et Camées.** Cent douze dessins de Gustave Fraipont. Préface par Maxime du Camp. *Paris, L. Conquet*, 1887, in-12, mar. vert, dos orné, fil. et milieux dorés, dent. int., tr. dor., couv. (*Lortic fils*).

> L'un des **20** exemplaires sur **papier du Japon** (nº 10), avec le **Musée secret.**
> **Aquarelle originale** de **Gustave Fraipont** sur le faux titre.

253. **Gautier** (Théophile). Fortunio. Réimpression textuelle de l'édition originale. Vingt-quatre Lithographies en couleurs de A. Lunois. *Paris, Librairie des bibliophiles*, 1898, in-4, br., couv.

> Exemplaire tiré sur **papier vélin du Marais** (nº 289).

254. **Gautier** (Théophile). Jean et Jeannette, illustré de vingt-quatre compositions par Ad. Lalauze, préface par Léo Claretie. *Paris, A. Ferroud*, 1894, in-8, br., couv.

> L'un des **50** exemplaires sur **papier vélin d'Arches** avec **2 états** des eaux-fortes (nº 173).

255. **GAUTIER** (Théophile). **Jettatura.** Compositions et gravures en couleurs de François Courboin. *Paris, Librairie de la Collection des Dix, A. Romagnol, Editeur*, 1904, gr. in-8, tiré pet. in-folio, br., couv.

> **Exemplaire spécial** non mis dans le commerce.

256. **Gautier** (Théophile). Militona. Un portrait et dix compositions de Adrien Moreau, gravés par A. Lamotte. *Paris, L. Conquet*, 1887, in-8, br., couv.

L'un des **350** exemplaires sur **papier vélin** (n° 437).

257. **Gautier** (Théophile). La Mille et Deuxième Nuit, illustrée de neuf compositions par Ad. Lalauze, préface par L. Gastine. *Paris, A. Ferroud*, 1898, gr. in-8, br., couv.

L'un des **30** exemplaires sur **papier du Japon** (n° 16), avec **3 états** des eaux-fortes, eau-forte pure, eau-forte terminée avant lettre, avec remarques eau-forte avec la lettre.

258. **Gautier** (Théophile). La Mille et Deuxième Nuit, illustrée de neuf compositions par Ad. Lalauze, préface par L. Gastine. *Paris, A. Ferroud,* 1898, gr. in-8, br., couv.

L'un des **30** exemplaires sur **papier du Japon** (n° 125), avec **2 états** des eaux-fortes ; eau-forte terminée avant lettre, avec remarques, eauforte avec la lettre.

259. **Gautier** (Théophile). La Morte amoureuse. Compositions de P.-A. Laurens, gravées en couleurs par Eugène Decisy. *Paris, Librairie de la Collection des Dix,* 1904, in-8, mar. La Vall. foncé, composition mosaïque or et couleur, encadrant les plats, fil. int., tête dor., non rog., couv. (*R. Kieffer*).

L'un des **45** exemplaires sur **papier vélin d'Arches** (n° 56) contenant **3 états** des planches.

260. **Gautier** (Théophile). Une Nuit de Cléopâtre, illustrée de vingt-et-une compositions de Paul Avril, préface par Anatole France. *Paris, A. Ferroud,* 1894, gr. in-8, br., couv.

L'un des **250** exemplaires sur **papier vélin d'Arches** (n° 254).

261. **Gautier** (Théophile). Omphale, histoire rococo. Illustrations de Ad. Lalauze, préface par A. de Claye. *Paris, A. Ferroud,* 1896, in-12, br., couv.

L'un des **200** exemplaires sur **papier vélin d'Arches** (n° 168) avec les eaux-fortes avec la lettre.

262. **Gautier** (Théophile). Le Petit Chien de la Marquise, préface par Maurice Tourneux. Vingt et un dessins de Louis Morin. *Paris, L. Conquet,* 1893, in-16, br., couv.

L'un des **350** exemplaires sur **papier vélin teinté** (n° 269).

263. **Gautier** (Théophile). Le Roi Candaule, illustré de vingt-et-une compositions par Paul Avril, préface par Anatole France. *Paris, A. Ferroud,* 1893, gr. in-8, br., couv.

L'un des **250** exemplaires sur **papier vélin d'Arches** (n° 477).

264. **GAUTIER** (Théophile). **Le Roman de la Momie.** Quarante-deux compositions originales de Alex. Lunois, gravées au burin et à l'eau-forte par Léon Boisson. *Paris, L. Conquet ; L. Carteret et Cie, succ^rs,* 1901, gr. in-8, br., couv. impr. en couleurs.

L'un des **35** exemplaires sur **papier du Japon** (n° 98) avec **2 états** des planches.

265. **Gérard de Nerval.** La Main enchantée. Préface de Jules de Marthold. Illustré d'un portrait et de 24 compositions par Marcel Pille, gravées au burin et à l'eau-forte par Le Sueur et Manesse. *Paris, Librairie L. Conquet, L. Carteret et Cie, succ^rs,* 1901, in-12, br., couv.

L'un des **2** exemplaires sur **papier vélin de cuve** (n° 348).

266. **Gérard de Nerval.** Sylvie, souvenirs du Valois. Préface par Ludovic Halévy, 42 compositions dessinées et gravées à l'eau-forte, par Ed. Rudaux. *Paris, L. Conquet,* 1886, in-16, mar. bleu, dos orné, fil. double de mar. La Vallière clair, mosaïque à répétition, roses et jeux de filets, tr. dor., couv., étui. (*P. Ruban*).

Exemplaire sur **papier vélin du Marais** (n° 748).

267. **Gerbault** (H.). Ach'tez-moi, joli blond' contenant 100 dessins. Préface de Charles Mongel. *Paris, Simonis Empis,* 1900, in-12, cart. dos et coins de veau bleu, tête dor., non rog., couv. (*Carayon*).

L'un des **50** exemplaires sur **papier de Chine** (n° 3).

268. **Godard d'Aucourt.** Thémidore, ou mon histoire et celle de ma maîtresse. Illustré de Vingt-deux lithographies originales en couleurs par Lubin de Beauvais. *Paris, F. Ferroud,* s. d. (1907), gr. in-8, br., couv. illust.

L'un des **120** exemplaires sur **grand papier vélin** (n° 63).

269. **Gœthe**. Le Faust de Gœthe, traduction de Gérard de Nerval. Préface de M. Frantz-Jourdain. Illustrations inédites de
Gaston Jourdain. *Paris, Propagation des Livres d'Art*, 1904,
in-4, br., couv.

> L'un des **15** exemplaires sur **papier du Japon** avec **3 états** des
> eaux-fortes, dont une suite avec lettre tirée en noir sur papier du Japon,
> une suite avant la lettre tirée en bleu sur papier de Chine et une autre
> tirée en bistre avant la lettre (n° 1).

270. **Gœthe**. Le Faust de Gœthe, traduction de Gérard de Nerval. Préface de M. Frantz-Jourdain. Illustrations inédites de
Gaston Jourdain. *Paris, Propagation des Livres d'Art*, 1904,
in-4, br., couv.

> L'un des **350** exemplaires sur **papier vélin d'Arches** (n° 7).

271. **Goldsmith**. Le Vicaire de Wakefield, traduction, préface,
et notes de Charles Nodier, nouvelle édition. Eaux-fortes par
Ad. Lalauze. *Paris, Librairie des Bibliophiles*, 1888, 2 vol.
in-8, br., couv.

> L'un des **170** exemplaires sur **papier de Hollande** (n° 77).

272. **Goncourt** (Edmond et Jules de). La Femme au XVIIIe
siècle. Nouvelle édition, revue, augmentée, et illustrée de
Soixante-quatre reproductions sur cuivre, par Dujardin,
d'après des originaux de l'époque. *Paris, Firmin-Didot et
Cie*, 1887, in-4, en feuilles, couv.

> L'un des **75** exemplaires sur **papier du Japon**.

273. **Goncourt** (Edmond et Jules de). Germinie Lacerteux. Dix
Compositions par Jeanniot, gravées à l'eau-forte par L. Muller. *Paris, Quantin*, 1886, gr. in-8, mar. vert, dos orné, fil.
dent. int., tr. dor., couv. (*Vieuxmaire*).

> L'un des **100** exemplaires sur **papier du Japon** (n° 94), avec deux
> suites des planches.

274. **Goncourt** (Edmond et Jules de). Histoire de Marie-Antoinette. Edition ornée d'encadrements à chaque page par Giacomelli et de 12 planches hors texte, reproductions d'originaux du XVIIIe siècle. *Paris, Charpentier*, 1878, in-4, br.,
couv.

> Exemplaire contenant la planche en couleurs du « Bol Sein » qui man-
> que souvent.

275. **Goncourt** (Edmond et Jules de). Madame de Pompadour. Nouvelle édition, revue et augmentée de lettres et documents inédits, illustrée de Cinquante-cinq reproductions sur cuivre, par Dujardin, et de deux planches en couleur, par Quinsac, d'après des originaux de l'époque. *Paris, Firmin-Didot et Cie,* 1888, in-4, br., couv.

L'un des exemplaires sur **papier du Japon** (n° 73).

276. **GONCOURT** (Edmond de). **La Fille Élisa.** Compositions et eaux-fortes originales de Georges Jeanniot. *Paris, Emile Testard,* 1895, gr. in-8, br., couv. illust. en coul.

L'un des **38** exemplaires sur **papier de Chine** (n° 31), contenant **4 états** des eaux-fortes.

277. **Gruyer** (P.). Napoléon, roi de l'Ile d'Elbe, ouvrage contenant 24 gravures hors texte. *Paris, Hachette et Cie,* 1906, in-8, br., couv.

278. **Guillaume** (A.). Contre le Spleen, contenant 100 dessins. *Paris, Simonis Empis,* 1902, in-12, br., couv.

L'un des **15** exemplaires sur **papier du Japon** (n° 4).

279. **Guillaume** (A.). Madame veut rire, contenant 100 dessins. Préface par une femme du monde. *Paris, Simonis Empis,* 1902, in-12, br., couv.

L'un des **15** exemplaires sur **papier du Japon** (n° 9), avec les **figures coloriées**.

280. **Guillaume** (A.). Pour quand il pleut. *Paris, Simonis Empis,* 1903, in-12, br., couv.

L'un des **15** exemplaires sur **papier du Japon** (n° 2).

281. **Guillaume** (A.). Les unes et les autres, contenant 100 dessins. *Paris, Garnier frères,* 1905, in-12, br., couv.

L'un des **15** exemplaires sur **papier du Japon** (n° 3).

282. **Guillemot** (Maurice). Entr'actes de Pierres. Eaux-fortes d'Eugène Béjot. *Paris, H. Floury,* 1899, plaq. pet. in-4, br., couv. impr. en couleurs.

Tiré à **325** exemplaires numérotés sur **papier vergé d'Arches**, avec signatures autographes de l'auteur et du dessinateur (n° 70).

283. **GUIRLANDE DE JULIE** (La), augmentée de documents
nouveaux, publiés avec notice, notes et variantes, par O.
Uzanne, et ornée d'un portrait inédit de Julie d'Angennes.
Paris, Librairie des Bibliophiles, 1875, in-12, frcnt. à l'eau-
forte par Mougin, mar. La Vall., dos orné, encadrem. de fil.,
large dent. à petits fers, milieu mosaïque de mar. bleu, rose
et citron représentant un papillon, un oiseau, une lyre sur
une branche de fleurs, doublé et gardes papier japonais,
mors de mar. La Vall., tr. dor. sur brochure, couv., étui.
(*Amand*).

> L'un des **15** exemplaires tirés sur **papier de Chine**, contenant le
> frontispice et le portrait en **6 états** différents, la reliure d'Amand, d'une
> rare originalité d'invention et d'exécution, a été reproduite comme modèle
> de genre p. 85 de la Reliure Moderne.
> De la bibliothèque de M. Octave Uzanne, avec son ex-libris.

284. **Halévy** (Ludovic). L'Abbé Constantin, illustré par Madame
Madeleine Lemaire. *Paris, Calmann Lévy et Boussod-Vala-
don,* 1888, gr. in-8, br., couv.

> L'un des **50** exemplaires sur **papier de Chine**, avec une double suite
> des hors texte en couleur (n° 29).

285. **Halévy** (Ludovic). La Famille Cardinal. Illustrations de
Charles Léandre. *Paris, Testard,* 1892, gr. in-8, br., couv.

> L'un des **75** exemplaires sur **papier du Japon** (n° 74).

286. **Halévy** (Ludovic). L'Invasion (1870-1871), par Ludovic
Halévy. Dessins par L. Marchetti et Alfred Paris. *Paris,
Boussod, Valadon et Cie, s. d.,* in-4, nombr. fig. dans le
texte et planches hors texte en noir et en couleurs, demi-rel.
dos et coins de mar. vieux rouge, tête dor., non rog., couv.
illust. en coul.

287. **Halévy** (Ludovic). Mariette. Quarante compositions de
Henry Somm. *Paris, L. Conquet,* 1893, in-8, demi-rel. dos et
coins de mar. vert olive, tête dor., non rog., couv.

> L'un des **250** exemplaires sur **papier vélin teinté** (n° 309).

288. **Halévy** (Ludovic). Mariette. Quarante compositions de
Henry Somm. *Paris, L. Conquet,* 1893, in-8, br., couv.

> Tirage unique à 400 exemplaires numérotés. — L'un des **250** sur **pa-
> pier vélin teinté** avec les encadrements tirés en bistre (n° 326).

289. **Halévy** (Ludovic). Notes et Souvenirs de Mai à Décembre 1871. *Paris, Boussod et Valadon*, 1888, in-4, fig., br., couv.

> L'un des **200** exemplaires sur **papier du Japon** (n° 75).

289 *bis*. **HALÉVY** (Ludovic). **Karikari.** *Paris, Calmann Lévy*, 1892, in-12, portr. et fig., cart. dos et coins de mar. citron, dos orné, tête dor., non rog.

> Edition originale, avec la couverture.
> L'un des **75** exemplaires sur **papier de Hollande** (n° 54), orné de **23 aquarelles originales** de **Léon Lebègue**.
> Lettre autographe de l'auteur.

290. **Halévy** (Ludovic). Trois Coups de Foudre. Dix dessins de Kauffmann, gravés par E. De Mare. *Paris, L. Conquet*, 1886, in-16, mar. rouge, dos orné, fil. et ornem. dor. aux angles, dent. int., tr. dor., couv. (*Lortic fils*).

> L'un des **75** exemplaires sur **papier du Japon** (n° 137), avec les figures en **2 états**.
> Enrichi de **9 dessins originaux** rehaussés d'aquarelle par **Henriot**.

291. **Hamilton** (Antoine). Mémoires du Comte de Grammont, 1 portrait de A. Hamilton et 33 compositions de C. Delort, gravés au burin et à l'eau-forte par L. Boisson, préface de H. Gausseron. *Paris, L. Conquet*, 1888, gr. in-8, demi-rel. dos et coins de mar. rouge, dos orné, tête dor., non rog., couv. (*V. Champs*).

> L'un des **500** exemplaires numérotés sur **papier vélin du Marais** (n° 684).

292. **HAVARD** (H.). **La Flandre à vol d'oiseau.** Illustrations d'après nature par Maxime Lalanne. *Paris, G. Decaux*, 1883, in-4, br., couv.

> L'un des **20** exemplaires sur **papier du Japon** (n° 2) avec les gravures en **2 états** ; avant la lettre sur papier vergé, et avec la lettre sur papier Whatman.

293. **HENNIQUE** (Léon). **La Mort du Duc d'Enghien**, en trois tableaux. Compositions de Julien Le Blant, eaux-fortes de L. Muller. *Paris, E. Testard*, 1895, gr. in-8, br., couv. illust.

> L'un des **38** exemplaires sur **papier de Chine** (n° 32) contenant **4 états** des eaux-fortes.

294. **Hennique** (Léon). Le songe d'une nuit d'Hiver pantomime inédite, dix compositions de Jules Chéret, gravées à l'eauforte par Bracquemont. *Paris, F. et A. Ferroud*, 1903, in-12, br., couv.

> L'un des **50** exemplaires sur **papier du Japon** (n° 20) avec les eauxfortes en **3 états**.

295. **Henriet** (Fr.). Les Eaux-Fortes de Léon Lhermitte. *Paris, A. Lemerre*, 1905, in-4, br., couv.

> L'un des **20** exemplaires sur **papier du Japon** (n° 2).

296. **Henriot.** Napoléon aux Enfers. Illustrations (en couleurs) par l'auteur. *Paris, L. Conquet*, 1895, in-16, cart. dos et coins de mar. vert. dos orné, non rog., couv. (*Carayon*).

297. **Henriot.** Napoléon aux Enfers, illustrations par l'auteur. *Paris, L. Conquet*, 1895, in-16, br., couv.

> Exemplaire sur **papier vélin teinté**, non mis dans le commerce

298. **HEPTAMÉRON** (L') des Nouvelles de très haute et très illustre princesse Marguerite d'Angoulême, reine de Navarre. Publié sur les manuscrits par les soins et avec les notes de MM. Le Roux de Lincy et Anatole de Montaiglon. *Paris, Auguste Eudes,* 1880, 4 vol. in-8, mar. rouge, dos ornés, fil. dent. int., armoiries sur les plats, tr. dor., couv. (*David*).

> L'un des **70** exemplaires sur **papier Whatman** Van Gelder (n° 188) avec les figures en **3 états**.

299. **Histoire des Quatre Fils Aymon**, très Nobles et très Vaillans Chevaliers. Illustrée de compositions en couleurs, par Eug. Grasset, gravure et impressions par Charles Gillot. Introduction et notes par Charles Marcilly. *Paris, H. Launette*, 1883, in-4, pap. vél. teinté, br., couv. impr. en couleurs.

300. **Hoffmann.** Contes fantastiques, tirés des frères de Serapion et des Contes nocturnes. Traduction de Loève-Veimars avec une préface par G. Brunet. Onze eaux-fortes, par A. Lalauze. *Paris, Librairie des Bibliophiles,* 1883, 2 vol. in-8, cart. dos et coins de mar. grenat foncé, têtes dor., non rog., couv. (*Bretault*).

> L'un des **20** exemplaires sur **papier de Chine** (n° 23) avec les eauxfortes en **2 états**.

3o1. **Homère**. Iliade, 24 grandes compositions par Henri Mot-
te, traduction par Em. Pessonneaux. *Paris, Quantin, s. d.,*
in-4, héliogravures en couleurs, br., couv.

L'un des **50** exemplaires sur **papier de Hollande** avec deux suites
des planches hors texte.

3o2. **Huard** (Ch.). Paris, Province, Etranger. Cent dessins par
Ch. Huard. Préface de Henry Bataille. *Paris, Eug. Rey,* 1906,
in-12, br., couv.

Exemplaire sur **papier du Japon** (n° 7).

3o3. **Huard** (Ch.). Province, cent dessins par Ch. Huard, avant
propos de Henri Piazza. *Paris, Sevin et Rey, s. d.,* in-12, br.,
couv.

L'un des **100** exemplaires sur **papier du Japon** (n° 92).

3o4. **Hugo** (Victor). Hernani, drame en cinq actes. Un portrait de Devéria et quinze compositions de Michelena, gravées à l'eau-forte par Boisson. *Paris, L. Conquet,* 1890, gr.
in-8, br., couv.

L'un des **75** exemplaires tirés sur **papier du Japon** (n° 62), avec **2**
états des planches, dont le tirage à part de toutes les illustrations avant
la lettre.

3o5. **Hugo** (Victor). Ruy Blas, drame en cinq actes. Un portrait
et quinze compositions de Adrien Moreau, gravées à l'eau-
forte par Champollion. *Paris, L. Conquet,* 1879, gr. in-8, br.,
couv.

L'un des **75** exemplaires tirés sur **papier du Japon** (n° 50), avec **2**
états des planches, dont le tirage à part de toutes les illustrations avant
la lettre.

3o6. **HUGO** (Victor). **Œuvres complètes**. Edition nationale.
Paris, Le Monnyer et Testard, 1885 *et années suivantes,* 43
vol. in-4, br. en cartons.

L'Edition Nationale de Victor Hugo est illustrée par l'élite des artistes
français : elle est ornée de 231 eaux-fortes hors-texte et de plus de 2,000
gravures en taille-douce, dans le texte d'après *Bida, Bonnat, Cabanel,
Jean-Paul Laurens, Luc-Olivier Merson, Ducz. Maurice Leloir, Benjamin
Constant, Adrien Moreau, Rochegrosse, Delort. etc.*
L'un des exemplaires sur **papier vélin** à la forme (n° 382), avec les
planches en **2 états**.

3o7. **Hugo** (Victor). Le Livre d'or de Victor Hugo, par l'élite des Artistes et des Ecrivains contemporains. Direction de Em. Blémont, contenant 120 planches en photogravure, gravées par la maison Goupil et Cie. *Paris, H. Launette,* 1883, in-4, br., couv.

> L'un des **200** exemplaires tirés sur **papier du Japon** (n° 176), épreuves avant la lettre.

3o8. **Huysmans** (J.-K.). La Bièvre, les Gobelins, Saint-Séverin, illustré de nombr. gravures dans le texte et planches hors-texte à l'eau-forte par A. Lepère. *Paris, Société de Propagation des Livres d'Art,* 1901, gr. in-8, br., couv.

> L'un des **695** exemplaires sur **papier vélin** (n° 519).

3o9. **HUYSMANS** (J.-K.). **La Cathédrale.** Soixante-quatre eaux-fortes originales de Charles Jouas. *Paris, Blaizot et Kieffer,* 1909, gr. in-8, br., couv.

> L'un des **180** exemplaires sur **papier vélin** (n° 74).

31o. **HUYSMANS** (J.-K.). **Le Quartier de Notre-Dame.** Illustrations et gravures de Ch. Jouas. *Paris, A. Romagnol, s. d.,* gr. in-8, br., couv.

> L'un des exemplaires sur **papier du Japon** non numérotés.

311. **Ibels** (H.-G.). Les Demi-Cabots — Le Café-Concert — Le Cirque — Les Forains. Textes par G. d'Esparbès, André Ibels, Maurice Lefèvre, Georges Montorgueil. *Paris, Fasquelle et Conquet,* 1896, in-8, figures, br., couv.

> L'un des **100** exemplaires sur **papier de Chine** (n° 91.

312. **Irving** (Washington). Rid Van Winkle. Illustrée par Arthur Rackham. *Paris, Hachette et Cie,* 1906, in-4, très nombr. planches hors texte en couleurs, remontées sur papier fort, cart. dos et coins de mar. rouge, non rog., couv. *(Carayon).*

> L'un des **20** exemplaires de grand luxe sur **papier du Japon** numérotés et signés par l'auteur (n° 15).

313. **Jaccaci** (A.-F.). Au Pays de Don Quichotte. Souvenirs rapportés par Auguste-F. Jaccaci. (Préface d'Arsène-Alexandre).

Illustrés par Daniel Vierge. *Paris, Hachette et Cie*, 1901, en
feuilles, couv. dans un carton.

L'un des **110** exemplaires sur **papier de Chine** (n° 37).

314. **Lachize** (Henri). Une Amazone sous le premier Empire,
illustré de 36 compositions par Charles Thévenin, préface
par Jules de Marthold. *Paris, Ch. Carrington,* 1902, in-8 raisin, br., couv. illust.

L'un des **75** exemplaires sur **papier du Japon** (n° 29), avec **3 états**
des planches.

315. **La Fayette** (Mme de). La princesse de Clèves, préface par
Anatole France. Un portrait et 12 compositions de Jules Garnier, gravés par A. Lamotte. *Paris, L. Conquet,* 1889, in-8
écu, br., couv.

L'un des **350** exemplaires sur **papier vélin du Marais** (n° 392).

316. **La Fontaine.** Contes et Nouvelles en vers par Jean de la
Fontaine, ornés d'Estampes d'Honoré Fragonard, Monnet,
Touzé et Milius. Edition revue et précédée d'une notice par
Anatole de Montaiglon. *Paris, P. Rouquette,* 1883, 2 vol. in
8, demi-rel. dos et coins de mar. rouge, têtes dor., non rog.

Exemplaire auquel on a ajouté la suite des figures de l'édition des Fermiers généraux, tirage moderne, la suite des vignettes de Duplessis-Bertaux, tirage moderne et la suite de 75 gravures et portraits dessinés par
Desenne, Desrais, Chasselat, etc.

317. **LALAISSE. Armée française.** Garde impériale — Ligne
— Nouvelle armée. *Paris, Morin, s. d.,* 80 lithographies
col. en un vol. in-folio, demi-rel. dos et coins de mar. grenat, pl. montées sur onglets, étui.

318. **Lamartine** (A. de). Raphaël, pages de la vingtième année,
avec dix compositions par Ad. Sandoz, gravées à l'eau-forte
par Champollion. *Paris, Quantin, s. d.,* gr. in-8, br., couv.

L'un des **50** exemplaires sur **papier du Japon** avec deux suites des
planches.

319. **Lazarille de Tormès** (Vie de). Traduction nouvelle et préface de A. Morel-Fatio. Nombreuses illustrations et eaux-for-

tes de Maurice Leloir. *Paris, H. Launette et Cie,* 1886, gr. in-8, pap. vél., titre r. et noir, cart. vélin blanc, titre callig. sur le dos et sur les plats, non rog., couv.

320. **Léandre.** Nocturnes. Album inédit en couleurs. Préface de Pierre Veber. *Paris, H. Simonis Empis, s. d.,* in-4, br., couv.

> L'un des **25** exemplaires sur **papier du Japon** (n° 22).

321. **Lebègue** (L.). Les Cent nouvelles Nouvelles. Cinquante dessins de Léon Lebègue, aquarellés d'après les originaux. Préface de Jules de Marthold. *Paris, Carrington,* 1900, in-8, en feuilles, dans un carton.

> L'un des **100** exemplaires sur **papier de Rives**, avec toutes les planches coloriées (n° 79).

322. **Leconte de Lisle.** Les Erinnyes, tragédie antique. Illustrée de compositions et gravures à l'eau-forte de François Rupka. *Paris, A. Romagnol. s. d.,* gr. in-8, br., couv.

> L'un des **190** exemplaires sur **papier d'Arches** (n° 291).

323. **Lemaître** (Jules). Les Vieux Livres. *Paris, Lucien Gougy, libraire,* 1906, in-12, br., couv.

> Tiré à petit nombre.
> Envoi autographe de l'éditeur.

324. **Lemonnier** (Camille). Les Maris de Mlle Nounouche, histoire de chats. Soixante-cinq aquarelles de A. Vimar. *Paris, H. Floury,* 1906, pet. in-4, titre r. et n., br., couv. illust. en couleurs.

> L'un des **32** exemplaires sur **papier du Japon** avec une double suite en noir sur papier de Chine et **2 aquarelles originales** de **A. Vimar.**

325. **Lemonnier** (Camille). Le Mort. Illustrations en fac-simile des fusains de Constantin Meunier. *Paris, Le Livre et l'Estampe, s. d.,* in-8, br., couv.

> L'un des **25** exemplaires sur **papier de Chine** (n° 64), avec les figures en **2 états.**

326. **Le Sage**. Le Diable Boiteux, avec une préface par H. Rey-
nald. Gravures à l'eau-forte par Ad. Lalauze. *Paris, Librairie des Bibliophiles*, 1880, 2 vol. in-8, br., couv.

L'un des **170** exemplaires sur **papier de Hollande** (n° 112).

327. **Le Sage**. Gil Blas de Santillane. Edition réduite et re-
visée par Léo Claretie. Illustrations de Maurice Leloir. *Paris,
Charavay et Martin, s. d.*, gr. in-8, en feuilles, br., couv.,
avec emboitage.

L'un des **50** exemplaires sur **papier du Japon** (n° 2).

328. **Livre d'Heures** (Le) satirique et libertin du XIXe siècle.
Bruxelles, Kistemaecker, s. d., pet. in-8, texte encadré, br.,
couv.

329. **LONGUS. Daphnis et Chloé**, compositions de Raphaël
Collin, gravées à l'eau-forte par Champollion, préface de J.
Claretie. *Paris, Launette et Cie*, 1890, gr. in-8, br., couv. en
coul.

L'un des **50** exemplaires sur **papier du Japon** (n° 10), avec les figures en **3 états** dont l'eau-forte pure.
Très rare.

330. **Longus**. Daphnis et Chloé. Compositions de Raphaël Collin, gravées à l'eau-forte par Champollion, préface de Jules
Claretie. *Paris, H. Launette et Cie, G. Boudet, succ.*, 1890,
gr. in-8, pap. vélin de cuve du Marais, br., couv.

Exemplaire n° 909.

331. **Lorrain** (Jean). Narkiss ; conte pour mon ami Lalique.
Dessins de O. D. V. Guillonnet, gravés par X. Lesueur ; préface de J. Doucet. *Paris [F. Ferroud] Edition du Monument*,
1908, pet. in-4, encadrement doré, br., couv. illust.

L'un des **50** exemplaires sur **papier du Japon** (n° 31), contenant les
gravures en **2 états** dont l'eau-forte pure.

332. **Lorrain** (Jean). Ma Petite Ville — Le Miracle de Bretagne
— Un Veuvage d'Amour. Illustrations à l'aquarelle de Manuel Orazi, gravées à l'eau-forte par Frédéric Massé, et impri-

mées sur couleurs. Vignettes décoratives de Léon Rudincki. *Paris, L. Henry May,* 1898, pet. in-4, br., couv.

L'un des **250** exemplaires sur **papier vélin de Rives** (n° 105).

333. **Lorrain** (Jean). La Princesse sous verre. *Paris, Taillandier, s. d.,* in-4, en feuilles, dans le cartonn. sous mica, de l'éditeur.

L'un des **50** exemplaires sur **papier du Japon** (n° 14).

334. **Loti** (Pierre). Pêcheur d'Islande. Roman. *Paris, Calmann Lévy,* 1886, in-8, portr. et illustrations de P. Jazet, broch.

Édition originale, avec la couverture.
L'un des **235** exemplaires sur **papier de Hollande** (n° 141).

335. **Louvet de Couvray.** Les Amours du Chevalier de Faublas, avec une préface par Hippolyte Fournier. Dessins de Paul Avril, gravés à l'eau-forte par Monziès. *Paris, Librairie des Bibliophiles,* 1884, 5 vol. in-8, br., couv.

L'un des **170** exemplaires sur **papier de Hollande** (n° 100).

336. **Louys** (Pierre). Les Chansons de Bilitis. Traduites du Grec. Édition ornée de 300 gravures et de 24 planches en couleurs hors texte par Notor d'après les documents authentiques des Musées d'Europe. *Paris, Fasquelle,* 1900, in-12, br., couv.

L'un des **30** exemplaires sur **papier du Japon** (n° 12).

337. **LOUYS** (Pierre). **Les Chansons de Bilitis.** Trente-trois compositions de Raphaël Collin, gravées à l'eau-forte par Ch. Chessa. *Paris, A. Ferroud. — F. Ferroud, succ.,* 1906, gr. in-8, br., couv.

L'un des **30** exemplaires sur **papier du Japon ancien** (n° 2), avec les eaux-fortes en **3 états**.
Aquarelle originale de **Raphael Collin**, l'illustrateur du livre.

338. **Louys** (Pierre). La Femme et le Pantin. Roman espagnol, orné d'une reproduction en héliogravure du Pantin de Goya. *Paris, Société du Mercure de France,* 1898, in-8, br., couv.

L'un des **40** exemplaires numérotés sur **papier de Hollande** (n° 49).

33g. **Louys** (Pierre). La Femme et le Pantin. Illustrations (en couleurs) de P. Roïg, décoration de Riom. *Paris, H. Piazza et Cie,* 1903, in-4, br., couv. impr. en coul.

> L'un des **260** exemplaires sur **papier vélin à la cuve** (n° 94), des manufactures Blanchet et Kléber.

340. **Louys** (Pierre). Les Trois Roses de Marie-Anne. Illustrations et gravures à l'eau-forte par Lebègue. *Paris, Ferroud,* 1909, in-8, br., couv.

> L'un des **30** exemplaires sur **papier du Japon** (n° 35), avec les eaux-fortes en **2 états**.

341. **Lucien.** Dialogues des Courtisanes. Traduction nouvelle de Jules de Marthold. Compositions et Lithographies (en couleurs) de Emile Berchmans. *Paris, Edition Boudet. Librairie Lahure,* s. d., gr. in-8, br., couv.

> L'un des **25** exemplaires sur **papier du Japon** (n° 6), contenant un tirage à part, en noir, sur papier de Chine de toutes les compositions.

342. **Lucien.** Dialogues des Courtisanes. Traduction nouvelle de Jules de Marthold. Compositions et Lithographies (en couleurs) de Emile Berchmans. *Paris, Edition Boudet. Librairie Lahure,* s. d., gr. in-8, br., couv. impr. en couleurs.

> L'un des **590** exemplaires sur papier à la forme des Papeteries du Marais (n° 136).

343. **Maillard** (Léon). Les Menus et Programmes illustrés. Invitations. — Billets de faire-part. — Cartes d'adresse. — Petites estampes du XVII° siècle jusqu'à nos jours. Ouvrage orné de Quatre cent soixante reproductions, d'après les documents originaux des meilleurs artistes. *Paris, G. Boudet,* 1898, in-4, br., couv. illust.

> L'un des **25** exemplaires sur **papier du Japon** (n° 15).

344. **Marie** (Ad). Une Journée d'Enfant. Compositions inédites par Adrien Marie. Vingt planches en héliogravure de Dujardin. *Paris, H. Launette,* 1883, in-fol. cart. de l'éditeur.

> L'un des **200** exemplaires sur **papier du Japon** (n° 85).

345. **Marthold** (Jules de). Daniel Vierge, sa Vie, son Œuvre. *Paris, H. Floury, s. d.* (1906), in-4, titre r. et n., illustré de 21 planches hors-texte, en taille-douce, dont plusieurs en couleurs, et d'un grand nombre de reproductions dans le texte, br., couv. impr. en couleurs.

> L'un des **50** exemplaires tirés sur **papier du Japon** (n° 23) avec les planches hors texte en **2 états**.

346. **Marthold** (Jules de). Histoire de Malborough, dessins de Caran d'Ache. *Paris, J. Lévy, s. d.*, in-8, en feuilles, dans le cartonn. de l'éditeur.

347. **MASSON** (Frédéric). **Cavaliers de Napoléon.** Illustrations d'après les tableaux et aquarelles de Edouard Detaille. *Paris. Boussod, Valadon et Cie, s. d.* (1895), in-4, br., couv.

> Ouvrage illustré d'un frontispice en couleurs. 31 planches en photogravure, dont 21 hors texte.
> L'un des **75** exemplaires tirés sur **papier du Japon** (n° 47), avec une suite des planches tirées en bistre avant la lettre sur Japon, signature autographe de M. Edouard Detaille au verso du faux-titre.
> **Très-Rare.**

348. **Masson** (Frédéric). L'Impératrice Marie-Louise. (Illustrations d'après les documents contemporains). *Paris, Goupil et Cie. — Manzi, Joyant et Cie, succ.*, 1902, in-4, br., couv.

> Illustré de 1 portrait-frontispice en couleurs et de 50 planches en photogravure en camaïeux divers, dont 42 hors-texte et 3 en-tête et culs-de-lampe et 1 fac-similé d'acte de naissance.
> L'un des **1000** exemplaires tiré sur **papier de Rives** (n° 948).

349. **Masson** (Frédéric). Joséphine, impératrice et reine. (Illustrations d'après les documents contemporains). *Paris, Goupil et Cie. — J. Boussod, Manzi, Joyant et Cie, succ.*, 1899, in-4, br., couv.

> Illustré de 1 portrait-frontispice fac-similé en couleurs et de 41 planches en photogravure, dont 33 hors-texte.
> L'un des **1200** exemplaires sur **papier vélin du Marais** (n° 1025).

350. **Masson** (Frédéric). Livre du Sacre de l'Empereur Napoléon, texte par Frédéric Masson de l'Académie française, dessins d'Isabey Fontaine et Perçier. *Paris, Manzi, Joyant et Cie*, 1908, in-4, br., couv. emboitage aux armes de l'Empereur.

> L'un des **300** exemplaires sur **papier vergé d'Arches** (n° 153).

35r. **Masson** (Frédéric). Napoléon et les femmes. Portraits en noir et couleurs. *Paris, Manzi, Joyant et Cie*, 1906, in-4, br., couv. emboitage aux armes de l'Empereur.

> L'un des **300** exemplaires sur **papier vergé d'Arches** (nº 155).

352. **Masson** (Frédéric). Napoléon et son fils. (Illustrations d'après les documents contemporains). *Paris, Goupil et Cie, Manzi, Joyant et Cie, succ.*, 1904, in-4.

> Illustré de 2 planches fac-simile en couleurs et de 50 planches en photogravure en camaïeux divers, dont 42 hors-texte et 8 en-tête et culs-de-lampe et 1 fac-simile d'acte de naissance.
> L'un des **800** exemplaires sur **papier vélin de Rives** (nº 427).

353. **MAUCLAIR** (Camille). **Ames Bretonnes.** Trois contes illustrés par J. Wély. *Paris, l'édition d'Art, H. Piazza et Cie, s. d.*, (1907), pet. in-4, texte encadré d'un fil. rouge, fig. en coul. br., couv. ill. en coul., étui.

> L'un des **30** exemplaires sur **papier du Japon** (nº 24), avec un état en noir.

354. **Mauclair** (Camille). Les Danaïdes ; contes. Illustrations de Besnard, Carrière, Fantin-Latour, La Gandara, Le Sidaner, Levy-Dhurmer, Rochegrosse. *Paris, Société d'Editions d'Art « Le Livre et l'Estampe »*, s. d., gr. in-8, br., couv.

> L'un des **50** exemplaires sur **papier de Chine** (nº 39). contenant deux suites des illustrations dont le premier état avant la lettre.

355. **Mauclair** (Camille). Trois Femmes de Flandre. Illustrations [en couleurs] de H. Cassiers. *Paris, L'Edition d'Art, H. Piazza et Cie, s. d.*, pet. in-4, br., couv. illust. en coul. étui.

> L'un des **260** exemplaires tirés sur **papier vélin** à la cuve des Manufactures Blanchet et Kléber (nº 163).

356. **MAUPASSANT** (Guy de). **Boule de Suif.** Compositions de François Thévenot, gravures sur bois de A. Romagnol. *Paris, A. Magnier*, 1897, in-8, br., couv.

> . L'un des **160** exemplaires sur **papier vélin** contenant une suite des hors texte (nº 150).
> On y a joint une suite complète des figures en tirage à part sur **papier de Chine.**

357. **Maupassant** (Guy de). Clair de Lune. Illustrations de Arcos — Boutet de Mouvel — Gambard — Grasset — Jeanniot — A. Marie — Mars, etc. *Paris, Monnier*, 1884, gr. in-8, br., couv.

358. **Maupassant** (Guy de). L'Héritage. Vingt et une compositions originales de Maurice Eliot, gravées à l'eau-forte par L. Ruet. *Paris, L. Carteret*, 1907, gr. in-8, br., couv.

L'un des **225** exemplaires sur **papier vélin** (n° 156).

359. **Maupassant** (Guy de). Imprudence. Texte autographié et dessins par Henriot. *Paris, aux dépens d'un ami des livres*, 1899. Plaq. in-4, illustrée à chaque page de dessins aquarellés, en feuilles non pliées.

Tirage unique à **100** exemplaires sur **papier du Japon** avec tirage à part sur Chine du trait.

360. **Maupasssant** (Guy de). Imprudence. Texte autographié et dessins par Henriot. *Paris, aux dépens d'un ami des livres*, 1899. Plaq. in-4, illustrée à chaque page de dessins aquarellés, dans un carton.

Tirage unique à **100** exemplaires sur **papier du Japon** (n° 41), avec tirage à part sur Chine du trait.

361. **Maupassant** (Guy de). La Maison Tellier. 80 compositions de René Lelong, gravées sur bois par G. Lemoine. *Paris, Ollendorff, imprimé pour la librairie Bernoux et Cumin, à Lyon*, 1899, gr. in-8, br., couv. illust.

L'un des **40** exemplaires sur **papier du Japon** (n° 36), contenant un **dessin original** de **René Lelong** et un tirage à part des bois, sur Japon, avec remarques.

362. **Maupassant** (Guy de). Le Rosier de Madame Husson, illustrations par Habert Dys, eaux-fortes de E. Abot, d'après Desprès. *Paris, Quantin*, 1888, pet. in-4 avec aquarelles d'Habert Dys à toutes les pages.

L'un des exemplaires sur **papier du Japon**, non numérotés.

363. Le même ouvrage, l'un des 1000 exemplaires sur **papier vélin du Marais** (n° 617).

364. **Maupassant** (Guy de). Une Vie. Illustrations de A. Leroux, gravées sur bois par G. Lemoine. *Paris, P. Ollendorff,* 1901, in-8, br., couv.

L'un des **30** exemplaires sur **papier du Japon** (n° 1), avec la suite en tirage à part sur **papier de Chine**.

365. **Mayneville**. Chronique du temps qui fut la Jacquerie. Illustrations de L. O. Merson, gravures de Chessa, lettres manuscrites par Cossard. *Paris, Librairie de la Collection des Dix, s. d., A. Romagnol, éditeur,* 1903, gr. in-8, br., couv.

L'un des **30** exemplaires sur **papier vélin d'Arches** (n° 155), avec **2 états** des figures.

366. **Mérimée** (Prosper). Carmen. *Paris, Calmann Lévy,* 1884, in-16, illustrations de S. Arcos, demi-rel. dos et coins de mar. orange, dos orné, tête dor., non rog., couv.

Exemplaire sur **papier vélin** dans lequel on a collé, en vignettes et culs-de-lampe, la suite des eaux-fortes d'Arcol publiée par L. Conquet.

367. **Mérimée** (Prosper). La Chambre bleue. Nouvelle dédiée à Madame de la Rhune. Une couverture illustrée et soixante-et-une aquarelles d'après Eug. Courboin. *Paris, Librairie L. Conquet, L. Carteret et Cie, succ.,* 1902, gr. in-8, cart. dos et coins de mar. bleu, dos mosaïqué, tête dor., non rog., couv. *(P. Ruban).*

L'un des **250** exemplaires sur **papier Whatman** (n° 58).

368. **Mérimée** (Prosper). La Chambre bleue. Nouvelle dédiée à Madame de la Rhune. Une couverture illustrée et soixante-et-une aquarelles d'après Eug. Courboin. *Paris, Carteret et Cie,* 1902, gr. in-8, br., couv.

L'un des **250** exemplaires sur **papier Whatman** (n° 148).

369. **MÉRIMÉE** (Prosper). **Chronique du règne de Charles IX**. Édition ornée de cent dix compositions par Édouard Toudouze. — Chroniques du règne de Charles IX. Compositions de Édouard Toudouze, gravées à l'eau-forte par Eugène Abot, préface par Francisque Sarcey. *Paris, E. Testard et*

Cie, 1889-1890. Ens. 1 vol. gr. in-8, mar. bleu, comp. de fil. droits et au pointillé, 7 sur le dos, 9 sur les plats, 6 int., dos mosaïqué, ornem. aux angles des plats et int., doublé de tabis, mors de mar. bleu, doubles gardes, tr. dor. sur broch., couv., étui (*Ch. Meunier*).

L'un des **75** exemplaires tirés sur **papier du Japon** (n⁰ 71), contenant :

1⁰ Le tirage à part des gravures sur bois ;

2⁰ les eaux-fortes de Eug. Abot en **4 états**, dont l'eau-forte pure avec remarque, tirées sur Japon :

3⁰ **Aquarelle originale** de **H. de Sta** à pleine page.

370. **Michel** (Émile). Rubens, sa Vie, son Œuvre et son Temps. Ouvrage contenant 354 reproductions directes d'après les œuvres du maître. *Paris, Hachette et Cie*, 1900, gr. in-8, en feuilles, couv. dans un carton.

L'un des **10** exemplaires sur **papier du Japon** (n⁰ 10).

371. **Michelet** (J.). Thérèse et Marianne. Souvenirs de jeunesse. 11 eaux-fortes originales de Valentin Foulquier. *Paris, L. Conquet*, 1891, in-16, br., couv.

L'un des **150** exemplaires sur **papier du Japon** (n⁰ 123).

372. **MISTRAL** (Frédéric). **Mireille**, poème provençal. Traduction française de l'auteur, accompagnée du texte original, avec 25 eaux-fortes dessinées et gravées par Eug. Burnand, et 53 dessins du même artiste, reproduits par le procédé Gillot. *Paris, Hachette et Cie*, 1884, in-fol., titre r. et n., texte avec encadrements en couleurs, en feuilles, dans une boîte.

L'un des **150** exemplaires tirés sur **papier du Japon** (n⁰ 28).

373. **Mistral** (Frédéric). Les Secrets des Bestes, avec trente compositions de A. Robida. *Paris, H. Floury*, 1896, in-4, br., couv. illust.

L'un des **50** exemplaires sur **papier du Japon** (n⁰ 12).

374. **Molière**. Le Misanthrope, précédé d'un Dialogue aux Enfers, par Anatole France, et suivi de la Conversion d'Alceste, par Georges Courteline. Décorés de 26 compositions de Jean-

niot, dont 12 gravées sur bois par Florian. *Paris, Edouard Pelletan*, 1907, pet. in-4, br., couv.

L'un des **265** exemplaires sur **papier vergé** (n° 192).

375. **MOLIÈRE.** Œuvres complètes, ornées de compositions inédites par Jacques Leman et Maurice Leloir. Réimpression textuelle sur les éditions originales, avec notices par Anatole de Montaiglon. *Paris, J. Lemonnyer, E. Testard et Cie*, 1882-1896, 32 vol. in-4, br., couv.

L'un des **150** exemplaires sur **papier vélin à la cuve** (n° 268), contenant les grandes planches en **2 états**.

376. **Monnier** (Henry). Les Bas-Fonds de la Société. *Paris, J. Claye, imprimeur*, 1862, in-8, pap. vergé, titre r. et n., cart. vélin blanc, non rog.

Tiré à **200** exemplaires numérotés (n° 155).
On a ajouté un frontispice sur Chine de Félicien Rops et un de J. Chauvet sur papier vélin.
11 aquarelles originales de **F. Coindre.**

377. **Monselet** (André). Charles Monselet, sa vie, son œuvre. Préface de Jules Claretie. *Paris, E. Testard*, 1892, gr. in-8, portr., br., couv.

L'un des **25** exemplaires sur **papier du Japon** (n° 10).

378. **Montfrileux.** Le Livre des Masques. Cent dessins par J. Fontanez. *Paris, Le Livre et l'Estampe*, 1902, in-8, br., couv.

L'un des **50** exemplaires sur **papier de Chine**, avec une suite des figures avant la lettre et un **dessin original** de **J. Fontanez.**

379. **Montgaillard** (Guy de). La Bête à Bon Dieu. Images de Lucien Métivet. *Paris, Paclot, s. d.*, in-4 obl., br., couv.

L'un des **25** exemplaires sur **papier du Japon** (n° 17).

380. **Montorgueil** (G.). Les Trois Couleurs. France, son Histoire, par G. Montorgueil. Imagé par Job. *Paris, Charavay, Martin, s. d.*, pet. in-fol., en feuilles dans un carton.

L'un des exemplaires sur **papier de Chine** (n° 1), paraphé par Job et J. Montorgueil.

381. **Montorgueil** (Georges). La Vie à Montmartre. Illustrations (en noir et en couleurs) de Pierre Vidal. *Paris, Boudet, s. d.*, gr. in-8, demi-rel. dos et coins de mar. rouge, dos orné, tête dor., non rog., couv. *(Bretault)*.

L'un des **700** exemplaires sur **papier vélin du Marais** (n° 255).

382. **Montorgueil** (Georges). La Vie des Boulevards. Madeleine-Bastille, illustré de 200 dessins en couleurs par Pierre Vidal. *Paris, Librairies-Imprimeries réunies, May et Motteroz,* 1896, gr. in-8, fig., br.

L'un des **100** exemplaires imprimés sur **papier du Japon** pour la librairie L. Conquet (n° 93), avec la couverture en 2 états.

383. **Monument du Costume.** Estampes de Freudenberger et de Moreau le jeune, dessinées en 1775-1783, pour servir à l'histoire des mœurs, des modes et des costumes en France dans le XVIIIe siècle, gravées au burin et à l'eau-forte par H. Dubouchet. Textes originaux, anecdotiques et explicatifs publiés au XVIIIe siècle, en même temps que les estampes de Freudenberger et Moreau. Réimpressions textuelles entièrement gravées sur cuivre avec les cadres et les fleurons du XVIIIe siècle, et précédées de notices sur l'œuvre de Freudenberger et de Moreau le jeune, par MM. Grand-Carteret et Ph. Burty. *Paris, L. Conquet,* 1883, gr. in-8, mar. bleu jans., non rog. *(Champs)*.

L'un des **200** exemplaires sur **papier du Japon** (n° 229).

384. **Monvel** (Boutet de). Jeanne d'Arc. Illustrations de Boutet de Monvel. *Paris, Plon et Nourrit, s. d.*, pet. in-fol. obl., en feuilles dans un carton.

L'un des exemplaires sur **papier du Japon** (n° 51).

385. **Moreau** (Hégésippe). Petits Contes en prose. Illustré d'un portrait et de 12 compositions par F. Oudart. *Paris, Rouquette,* 1892, in-8, demi-rel. dos et coins de mar. bleu, dos mosaïqué, fil. sur les plats, non rog., couv.

L'un des **200** exemplaires sur **papier de Hollande** (n° 368).

386. **Morin** (Louis). Le Cabaret du Puits sans vin. Dessins de l'auteur. *Paris, Ch. Delagrave, s. d.,* in-4, br., couv.

> Exemplaire de premier tirage.

387. **Morin** (Louis). Carnavals Parisiens. *Paris, Montgredien et Cie, s. d.,* in-12, fig., cart. dos et coins de mar. rouge, dos orné d'attributs dor., fil. sur les plats, non rog., couv. illust. en coul. (*Carayon*).

> Bals des Quat-z-arts — Vache enragée — Bals du Courrier — Bœufs gras — Cortèges des Étudiants — Cortèges du Moulin Rouge.
> Volume composé et illustré, par *Louis Morin,* de 170 compositions en noir et en couleurs, y compris la couverture.
> L'un des **100** exemplaires sur **papier du Japon** (n° 116).

388. **Morin** (Louis). Histoires d'autrefois. — Jeannick, 87 dessins de l'auteur. — Le Cabaret du Puits-sans-Vin, 95 dessins de l'auteur. — Les Amours de Gilles, 178 dessins de l'auteur. *Paris,* 1885. — Ens. 3 vol. in-8, fig., br., couv. illust.

> Exemplaires de premier tirage.

389 **Morin** (Louis). Histoires d'autrefois. Les Amours de Gilles, 178 dessins de l'auteur. *Paris, Kolb, s. d.,* in-8, couverture cart. vélin, non rog.

> **Aquarelle originale** de **Louis Morin** sur le faux-titre et une autre sur le premier plat de la reliure.
> Envoi autographe de l'auteur.

390. **Moynier** (L.). Lettres d'un Chien Errant sur la protection des animaux mises au net par Louis Moynier. Lettre-préface de Léon Cladel. Poème inédit de Jean Richepin. Dessins originaux de F. Bracquemont. Mlle Rosa Bonheur. F. Buhot. E. Detaille. G. Rochegrosse. *Paris, E. Dentu,* 1888, gr. in-8, br., couv. illust.

> L'un des **25** exemplaires sur **papier du Japon** (n° 19).

391. **Muller** (Eugène). La Mionette. 28 compositions de O. Cortazzo, gravées à l'eau-forte par Abot et Clapès. *Paris, L. Conquet,* 1885, in-12, br., couv.

> L'un des **822** exemplaires sur **papier vélin** (n° 752).

392. **Müntz** (Eug.). Léonard de Vinci, L'Artiste, Le Penseur, Le
Savant. Ouvrage contenant 238 reproductions dans le texte
20 planches en taille-douce et 28 planches en couleurs et en
noir d'après les Œuvres du Maître. *Paris, Hachette et Cie,*
1899, in-4, en feuilles dans un carton.

L'un des **5** exemplaires sur **papier du Japon** (n° 3).

393. **MURGER** (Henry). **Scènes de la Vie de Bohème.** Compositions de Charles Léandre, gravées en coul. par Eug. Decisy. *Paris, A. Romagnol,* 1902, gr. in-8, br., couv

L'un des **40** exemplaires sur **papier vélin d'Arches** (n° 62), comprenant **2 états** de toutes les illustrations, et la décomposition des couleurs d'une planche.

394. **Musset** (Alfred de). La Confession d'un Enfant du Siècle
avec 10 compositions de P. Jazet, gravées à l'eau-forte par E.
Abot. *Paris, Quantin,* 1891, gr. in-8, br., couv.

L'un des **600** exemplaires sur **papier de Hollande** (n° 186).

395. **Musset** (Alfred de). La Mouche, illustrée de trente compositions par Ad. Lalauze, préface par Philippe Gille. *Paris, A.
Ferroud,* 1892, in-8, br., couv.

L'un des **300** exemplaires sur **papier vélin d'Arches** (n° 294).

396. **Musset** (Alfred de). Rolla. Compositions de Georges Des-
vallières, reproduites en couleurs par Fortier et Marotte.
Paris, Librairie de la Collection des Dix, A. Romagnol,
1906, gr. in-8, fig., br., couv. impr. en couleurs.

L'un des **20** exemplaires sur **papier de Chine** (n° 40), contenant **4**
états des illustrations hors texte et **3 états** des vignettes

397. **Musset** (Paul de). Le Dernier Abbé, illustré de 19 compositions par Ad. Lalauze, préface par Anatole France. *Paris,
A. Ferroud,* 1891, gr. in-8, br., couv.

L'un des **315** exemplaires sur **papier vélin d'Arches** (n° 400).

398. **Nadaud** (Gustave). Chansons populaires. — Chansons de
Salon. — Chansons légères. Eaux-fortes par Edmond Morin.
Paris, Librairie des Bibliophiles, 1879, 3 vol. in-8, br.,
couv.

L'un des **170** exemplaires sur **papier de Hollande** (n° 193).

399. **Nodier** (Charles). Le Bibliomane. Vingt-quatre compositions de Maurice Leloir, grav. sur bois par F. Noël. Préface
de R. Vallery Radot. *Paris, Librairie L. Conquet*, 1894, in-12,
br., couv.

L'un des **350** exemplaires sur **papier vélin du Marais** (n° 327).

400. **Noël** (Ed). Une Mélodie de Schubert. Dessins de G. Cain,
gravés par Deville. *Paris, L. Conquet*, 1888, in-16, br., couv.

L'un des **100** exemplaires sur **papier vélin du Marais** (n° 29).

401. **NOLHAC** (Pierre de). **La Dauphine Marie-Antoinette.**
Illustrations d'après les originaux contemporains. *Paris,
Boussod, Valadon et Cie, s. d.*, in-4, br., couv.

Ouvrage illustré d'un portrait frontispice, fac-similé en couleurs, 38
planches en photogravure, dont 28 hors texte.
L'un des **75** exemplaires sur **papier du Japon** (n° L) avec une double suite des planches tirées en bistre.

402. **NOLHAC** (Pierre de). **J.-H. Fragonard,** 1732-1806. *Paris, Manzi, Joyant*, 1906, in-4, portr., br., couv.

L'un des **500** exemplaires sur **papier de Rives** (n° 438), avec les
planches imprimées en camaïeux sur Chine blanc contre-collé sur papier
teinté. Quatre planches fac-similé en couleurs.

403. **NOLHAC** (Pierre de). **François Boucher.** Premier peintre du Roi, 1703-1770. *Paris, Manzi, Joyant*, 1907, in-4, br.,
couv.

L'un des **500** exemplaires sur **papier de Rives** (n° 254), avec 56
planches imprimées en camaïeu sur Chine blanc contre-collé sur papier
teinté. Quatre planches fac-similé en couleurs.

404. **Nolhac** (Pierre de). Louis XV et Madame de Pompadour.
(Illustrations d'après les documents contemporains). *Paris,
Goupil et Cie, Manzi, Joyant et Cie, succ.*, 1903, in-4, br.,
couv.

Illustré de 2 portraits fac-similés en couleurs et de 48 planches en photogravure en camaïeux divers, dont 40 hors-texte, dont 3 en double page
et 4 encadrements et 4 culs-de-lampe.
L'un des **800** exemplaires sur **papier de Rives** (n° 401).

405. **Nolhac** (Pierre de). Louis XV et Marie Leczinska. *Paris,
Goupil et Cie. — Manzi, Joyant et Cie, succ.,* 1900, in-4, br.,
couv.

> Illustré de deux portraits fac-similés en couleurs et de 48 planches en
> photogravure en camaïeux divers, dont 40 hors-texte, dont 3 en double
> page, et 4 encadrements et 4 culs-de-lampe.
> L'un des **1000** exemplaires sur **papier vélin de Rives** (n° 727).

406. **NOLHAC** (Pierre de). **Madame Vigée Le Brun** peintre
de la Reine Marie-Antoinette, 1755-1842. *Paris, Manzi,
Joyant et Cie,* 1908, in-4, port., br., couv.

> L'un des **500** exemplaires sur **papier de Rives** (n° 251), avec les
> planches imprimées en camaïeu sur Chine blanc contre-collé sur papier
> teinté. Quatre planches en fac-similé en couleurs.

407. **Nolhac** (Pierre de). Marie-Antoinette. The Queen from the
French of Pierre de Nohlac. Illustrations from Contempo-
rary originals. *Paris, Boussod, Manzi, Joyant et Cie, s. d.,*
port., fig., br., couv.

408. **NOLHAC** (Pierre de). **J.-M. Nattier,** peintre de la Cour
de Louis XV (avec un catalogue de l'œuvre gravé de Nattier
et la liste des œuvres exposées par Nattier aux Salons du
Louvre ; illustrations d'après les documents contemporains.
Paris, Goupil et Cie. — Manzi et Cie, Joyant, succ., 1905,
in-4, br., couv.

> Illustré de 4 portraits fac-similé en couleurs et de 46 planches en pho-
> togravure en camaïeux divers, tirées sur Chine blanc contre-collé sur pa-
> pier teinté, et de 1 encadrement, 4 en-tête et 5 culs-de-lampe.
> L'un des **425** exemplaires tirés sur **papier de Rives** (n° 316).
> **Très-Rare.**

409. **Nuitter** (Ch.). Le Nouvel Opéra, ouvrage contenant 59
gravures sur bois et 4 plans. *Paris, Hachette et Cie,* 1875,
in-8, portr. br., couv.

> L'un des **150** exemplaires sur **papier de Chine** (n° 140).

410. **Paris** (G.). Aventures Merveilleuses de Huon de Bordeaux,
Pair de France et de la belle Esclarmonde, ainsi que du
petit roi de Féerie Auberon mises en nouveau langage par
Gaston Paris de l'Académie Française. *Paris, Didot, s. d.,*
in-4, fig., br., couv.

6

411. **Pellico** (Silvio). Mes Prisons. Traduction nouvelle par
Francisque Reynard. Dessins de Bramtot, gravés par Toussaint. *Paris, Librairie des Bibliophiles*, 1887, in-8, br.,
couv.

> L'un des **170** exemplaires sur **papier de Hollande** (n° 63).

412. **Perrault.** Les Contes des Fées, en prose et en vers. Nouvelle édition, revue et corrigée sur les éditions originales, et
précédée d'une lettre critique, par Ch. Giraud. *Paris, Imprimerie impériale (Leclerc fils, libraire)*, 1864, in-8, mar. rouge, dos orné, fil., dent. int., tr. dor. (*Chambolle-Duru*).

> Édition tirée à **400** exemplaires, tous sur **papier de Hollande** (n° 323).

413. **PEZAY** (Marquis de). **Zélis au Bain,** poème en quatre
chants. Réimpression sur l'édition de Genève. *Paris, Rouveyre,* 1882, in-8, br., couv.

> **Exemplaire unique,** imprimé sur **parchemin.**
> Ouvrage orné d'un titre par Eisen, gravé par Lemire, 4 figures, 4 vignettes et 4 culs-de-lampe, par Eisen, gravés par Alliamet, Lafosse, Lemire et Longueil.

414. **Poë** (Ed.). Histoires extraordinaires. Nouvelles histoires
extraordinaires traduites par Charles Baudelaire. Edition
illustrée de treize gravures hors texte. *Paris, A. Quantin,*
1884, 2 vol. in-8, fig., br., couv.

> Exemplaire sur **papier vélin.**

415. **Poèmes et Ballades du Temps passé.** Jehan de Meung,
Christine de Pisan, Charles d'Orléans, Villon, Ronsard, J. du
Bellay, Plantin, R. Belleau, Louise Labé, Marie Stuart, etc.
Préface de Jules de Marthold. Illustrations et eaux-fortes par
A. Robida, culs-de-lampe gravés sur bois par P. Gusman.
Paris, Charles Meunier, 1902, in-4, fig., cart. veau marb.,
non rog., couv. illust., étui (*Ch. Meunier*).

> Illustré de 1 frontispice, de 50 eaux-fortes, de 1 couverture, 1 vignette de titre, 52 culs-de-lampe gravés sur bois.
> L'un des **100** exemplaires sur **papier vélin de cuve** (n° 75), contenant **2 états** sur Chine des eaux-fortes et une suite en tirage à part du bon des culs-de-lampe.
> On a ajouté une **aquarelle originale** de **Robida** et le **dessin original** d'un cul-de-lampe.

416. **Pontsevrez.** Les Cœurs, poésies accompagnant soixante-deux gravures inédites. *Paris, Quantin,* 1894, in-8, br., couv.

Exemplaire sur **papier de Hollande** (n° 1).

417. **Préjelan** (René). L'Amour en dentelles, 100 dessins par René Préjelan. Préface de Willy. *Paris, H. Simonis Empis,* 1902, gr. in-8.

L'un des **10** exemplaires tirés sur **papier de Chine** (n° 4), contenant un **croquis original** au crayon de **René Préjelan.**

418. **Préjelan** (René). La légende de Béguinette. 100 dessins par René Préjelan, préface de Pierre de Willy. *Paris, Simonis Empis,* 1903, in-8, br., couv.

L'un des **10** exemplaires sur **papier de Chine** (n° 26), avec un **croquis original** de l'auteur.

419. **Prévost** (M.). L'accordeur aveugle. Illustrations de François Courboin. *Paris, A. Lemerre,* 1905, in-12, br., couv. dans un emboitage.

420. **Prévost** (Abbé). Histoire de Manon Lescaut et du Chevalier des Grieux, préface de Guy de Maupassant, illustrations de Maurice Leloir. *Paris, H. Launette,* 1885, in-4, pap. vél., titre r. et n., br., couv. illust.

421. **PRINTEMPS DES CŒURS** (Le). Rabia et Koulouľ, ou le Printemps des Cœurs, légendes sahariennes recueillies par Sliman Ben-Ibrahim, traduites et illustrées par E. Dinet. *Paris, l'Edition d'Art, H. Piazza et Cie* (1902), pet. in-4, br., couv. impr. en coul.

Ouvrage illustré de 60 grandes compositions en couleurs et or, toutes ornées d'une décoration variée qui encadre le texte et les compositions.
L'un des **260** exemplaires sur **papier vélin** à la cuve (n° 215) des manufactures Blanchet et Kléber.
Rare et très recherché.

422. **Quatrelles.** A Coups de Fusil, ouvrage illustré de 30 dessins originaux hors texte par A. de Neuville. *Paris, Charpentier,* 1877, in-4, mar. rouge, dos orné, fil., dent. int., tr. dor., couv. *(David).*

6·

423. **Quinze Joyes** (Les) de mariage avec des notes et un glossaire par D. Jouaust et une préface de Louis Ulbach. Eaux-fortes par Ad. Lalauze. *Paris, Jouaust*, 1887, in-8, br., couv.

> L'un des **15** exemplaires sur **papier du Japon** (nº 36), avec le tirage à part des vignettes et culs-de-lampe.

424. **Rabelais.** Œuvres. Édition conforme aux derniers textes revus par l'auteur. Une notice et un glossaire par Pierre Jannet. Illustrations de A. Robida. *Paris, A la Librairie illustrée, s. d.*, 2 vol. in-4, fig. dans le texte et planches hors texte en couleurs, demi-rel. dos et coins de chag. brun, têtes dor., non rog., couv.

425. **Racine.** Théâtre de Racine, orné de 46 compositions et 1 portrait de Barrias et V. Foulquier, gravés à l'eau-forte par V. Foulquier. *Tours, Mame et Fils*, 1876-77, 2 vol. gr. in-8, mar. rouge, dos ornés, fil., dent. int., têtes dor., non rog. (*Allo*).

> L'un des **275** exemplaires sur **papier vergé** (nº 148).

426. **Rafaelli** (J.-F.). Les Types de Paris. Texte par E. de Goncourt, A. Daudet, E. Zola, Guy de Maupassant, P. Bourget, etc. Dessins de J.-F. Rafaelli. *Paris, Plon et Cie*, 1889, in-4, en feuilles, dans un cart.

> L'un des **7** exemplaires tirés sur **papier du Japon**, avec les tirages en **3 états**, des eaux-fortes hors texte (nº II). **Très rare.**

427. **Ramiro** (E.) [Rodrigues]. Louis Legrand, peintre graveur. Catalogue de son œuvre, gravé et lithographié. *Paris, H. Floury*, 1896, gr. in-8, br., couv.

> Ouvrage tiré à **250** exemplaires, orné de 6 eaux-fortes originales et inédites de Louis Legrand, et de 30 vignettes, lettres ornées, fleurons et culs-de-lampe dans le texte.

428. **Régnier** (Henri de). La courte vie de Balthazar Aldramin, Vénitien, illustré de 14 compositions de Deygal, gr. à l'eau-forte par X. Lesueur. *Paris, F. Ferroud, s. d.*, gr. in-8, fig., br., couv.

> L'un des **170** exemplaires sur **papier vélin d'Arches** (nº 125).

429. **Régnier** (H. de). Esquisses Vénitiennes, avec 10 planches
hors texte gravées en taille-douce et des dessins dans le texte
par Maurice Dethomas. *Paris, Collection de l'Art décoratif,*
1906, in-4, br., couv.

> L'un des **20** exemplaires sur **papier du Japon** (n° 9), contenant une
> double suite des planches en taille-douce, l'une en noir, et l'autre en bis-
> tre.

429 *bis*. Le même, exemplaire sur **papier vélin**, br., couv.

430. **Reiber** (Emile). Les Propos de Table de la vieille Alsace.
Illustrés tout au long des dessins originaux des anciens maî-
tres alsaciens. Œuvre de réconfort ajustée à l'heure présente,
traduite, annotée et enrichie de compositions nouvelles par
Emile Reiber, maître ès-arts en la bonne ville de Paris. *Paris,
Launette,* 1886, in-4, texte encadré, br., couv.

> L'un des **100** exemplaires sur **papier du Japon** (n° 39).

431. **Reiset** (Vicomte de). Marie-Caroline, duchesse de Berry.
1816-1839. (Illustrations d'après les documents contemporains). *Paris, Goupil et Cie, Manzi, Joyant et Cie,* 1906, in-4.

> Illustré de 2 portraits fac-similés en couleurs et de 49 planches en pho-
> togravure en camaïeux divers, dont 41 hors texte et 8 en-tête et cu s-de-
> lampe.
> L'un des **800** exemplaires sur **papier vélin de Rives** (n° 544).

432. **Rémusat** (P. de). Un Cas de Jalousie. Edition originale,
illustrée de dix-neuf lithographies par A. Lunois. *Paris, L.
Conquet,* 1896, in-8, br., couv

> L'un des **140** exemplaires sur **papier du Japon** (n° 159).

433. **Renan** (Ernest). Le Broyeur de Lin, avec préface des Souvenirs d'Enfance et de Jeunesse. Vingt-sept eaux-fortes originales de Ed. Rudaux. *Paris, Librairie L. Conquet. — L.
Carteret et Cie,* succ., 1901, in-8, br., couv. illust.

> L'un des **75** exemplaires sur **papier du Japon** (n° 96).

434. **Renan** (Ernest). Prière sur l'Acropole. Compositions de
H. Bellery-Desfontaines, gravées par Eugène Froment. *Paris,
Edouard Pelletan,* 1899, pet. in-4, br., couv.

> L'un des **100** exemplaires tirés sur **papier vélin** à la cuve des pape-
> teries du Marais (n° 113), avec le tirage à part sur Chine de toutes les
> gravures.

435. **Renan** (Ernest). Vie de Jésus. Avec une préface nouvelle. Edition illustrée de soixante dessins par Godefroy Durand. *Paris, Michel-Lévy frères*, 1870, gr. in-8, br., couv.

Première édition illustrée.
Exemplaire tiré sur **papier de Hollande**.

436. **Renard** (Jules). Histoires naturelles. Edition ornée de vingt-deux lithographies originales de H. de Toulouse-Lautrec. *Paris, H. Floury,* 1899, in-4, br., couv. illust.

Edition tirée à **100** exemplaires numérotés (n° 34).

437. **Renard** (Jules). Les Philippe ; précédés de Patrie ! décorés de cent et un bois originaux, dont huit camaïeux, de Paul Colin. *Paris, E. Pelletan,* 1907, gr. in-8, titre r. et n., br., couv.

Exemplaire n° 202.

438. **Riancey** (H. de). La Vie des Saints. Illustrations en or et couleurs. D'après les manuscripts de tous les siècles, par Kellerhoven. Edition abrégée par M. Adrien de Riancey. *Paris, Bachelin-Deflorenne, s. d.,* in-16, br., couv.

439. **Richepin** (Jean). Miarka, la fille à l'Ours. Illustrations de Pierre Morel. *Paris, E. Dentu,* 1888, in-8, br., couv.

L'un des **50** exemplaires sur **papier du Japon** (n° 25).

440. **RICHEPIN** (Jean). **Paysages et Coins de Rues.** Illustrations en couleurs dessinées et gravées sur bois par Auguste Lepère. Préface de Georges Vicaire. *Paris, Librairie de la Collection des Dix,* 1900, in-8, br., couv.

L'un des **200** exemplaires tirés sur **papier vélin d'Arches** (n° 99).

441. **Robida** (A.). Le Cœur de Paris. Splendeurs et Souvenirs. Texte, dessins et lithographies, par A. Robida. *Paris, Librairie illustrée, s. d.,* in-4, br., couv.

442. **Robida** (A.). Paris de siècle en siècle. Texte, dessins et lithographies par A. Robida, fig. en noir et en coul. *Paris, Librairie illustrée, s. d.,* in-4, br., couv.

443. **Robida** (A.). La vieille France (**Bretagne**). Texte, dessins et lithographies par A. Robida. *Paris, Librairie illustrée, s. d.,* in-4, br., couv.

444. **Robida** (A.). La vieille France (**Normandie**). Texte, dessins et lithographies par A. Robida. *Paris, Librairie illustrée, s. d.,* in-4, br., couv.

445. **Robida** (A.). La vieille France (**Provence**). Texte, dessins et lithographies par Robida. *Paris, Librairie illustrée, s. d.,* in-4, br., couv.

446. **Robida** (A.). La vieille France (**Touraine**). Texte, dessins et lithographies par A. Robida. *Paris, Librairie illustrée, s. d.,* in-4, br., couv.

447. **Robida** (A.). Les vieilles Villes des Flandres. Belgique et Flandre française. Illustré, par l'auteur, de 155 compositions originales dont 25 hors texte et d'une eau-forte. *Paris, Dorbon aîné, s. d.,* in-8, br., couv. illust.

448. **Robida** (A.). Voyage de Fiançailles au XXe siècle. Texte et dessins par A. Robida. *Paris, L. Conquet,* 1892, in-18, br., couv.

Tiré à **200** exemplaires sur **papier de Chine** (non mis dans le commerce).

449. **Rodenbach** (Georges). Bruges-la-Morte. Quarante-trois compositions originales d'après nature, dessinées et gravées sur bois par Henri Paillard. *Paris, Librairie L. Conquet. — L. Carteret et Cie, succ.,* 1900, in-8, demi-rel. dos et coins de mar. brun, dos orné, tête dor., non rog., couv. (*Noulhac*).

L'un des **150** exemplaires sur **papier vélin du Marais** (n° 160).

450. **Rops** (Félicien). Catalogue descriptif et analytique de Félicien Rops, précédé d'une Notice biographique et critique par Erastène Ramiro (E. Rodrigues). Orné d'un frontispice et de gravures d'après des compositions inédites de Félicien Rops et de fleurons et culs-de-lampe d'après F. Rops, Jean La Palette et Louis Legrand. *Paris, L. Conquet,* 1887, gr. in-8, br.

L'un des **500** exemplaires sur **papier vélin** (n° 390).

451. **Rops** (Félicien). Supplément au Catalogue descriptif de l'Œuvre gravé de Félicien Rops, par Erastène Ramiro. *Bruxelles, E. Deman*, 1893, gr. in-8, front. de Félicien Rops, br., couv.

L'un des **100** exemplaires sur **papier vélin** (n° 50).

452. **Rops** (Félicien). Supplément au Catalogue de l'Œuvre gravé de Félicien Rops, par Erastène Ramiro, illustrations de Félicien Rops, fleurons et culs-de-lampe par A. Rassenfosse. *Paris, Floury*, 1895, gr. in-8, br., couv.

L'un des **500** exemplaires sur **papier vélin** (n° 471).

453. **Rops**. (Félicien). L'Œuvre lithographié de Félicien Rops, par Erastène Ramiro, orné de 7 reproductions de lithographie en taille-douce de Félicien Rops. *Paris, L. Conquet*, 1891, gr. in-8, br., couv.

L'un des **150** exemplaires sur **papier vélin** (n° 117).

454. **Rops** (Félicien). Etude patronymique, par Eugène Demolder, avec quelques reproductions brutales de Devises inédites de Félicien Rops. *Paris, R. Pincebourde*, 1894, plaq. gr. in-8, planches (10), br., couv.

455. **Rops**. Ramiro (Erastène). [Rodrigues]. Etudes sur quelques artistes originaux. **Félicien Rops**. *Paris, G. Pellet* et *H. Floury*, 1905, in-4, très nombr. illustrations dans le texte et hors texte, br., couv. illust.

L'un des **100** exemplaires sur **papier du Japon** (n° 36), avec une double suite de toutes les illustrations et une épreuve en couleurs de 10 planches « Eritis similes deo ».

456. **Rops**. Lemonnier (Camille). Etudes sur quelques artistes originaux. **Félicien Rops**. L'Homme et l'Artiste. *Paris, H. Floury*, 1908, in-4, portr., nombreuses planches hors texte et illustrations dans le texte, br., couv. illust.

L'un des **100** exemplaires tirés sur **papier du Japon** (n° 80), avec double état des planches hors-texte en taille-douce, une suite à part sur Chine de toutes les autres illustrations, et deux planches imprimées en couleurs, « Canicule » et « Seule ».

457. **Rops**. Félicien Rops et son Œuvre, par Arsène Alexandre, J.-M. de Hérédia, J.-K. Huysmans, O. Mirbeau, E. Rodrigues, O. Uzanne, etc. *Bruxelles, chez E. Deman*, 1897, gr. in-8, fig., br., couv.

458. **Rostand** (Edmond). Cyrano de Bergerac, drame en cinq actes, Illustré par MM. Besnard, Flameng, Albert Laurens, Léandre, Adrien Moreau, Thévenot, gravé par Romagnol. *Paris, A. Magnier*, 1899, in-4, br., couv.

> L'un des **400** exemplaires sur **papier vélin** de cuve (n° 388), avec deux états des bois, dont un état avant la lettre sur papier de Chine volant.

459. **Rostand** (Edmond). La Journée d'une Précieuse. *Paris*, 1902, in-8, fig. de Vogel, br., couv.

> Exemplaire sur **papier de Chine**.

460. **Rousseau** (J.-J.). Les Confessions, avec une préface par Marc Monnier. Treize eaux-fortes par Ed. Hédouin. *Paris, Librairie des Bibliophiles*, 1881, 4 vol. in-8, br., couv.

> L'un des **170** exemplaires sur **papier de Hollande** (r° 183).

461. **Rousseau** (J.-J.). Les Confessions. Nouvelle édition illustrée de quatre-vingt-seize compositions par Maurice Leloir, gravées à l'eau-forte par les premiers artistes. Préface de J. Claretie. *Paris, H. Launette et Cie*, 1889, 2 tomes en 12 fasc. in-4, en feuilles, dans des cartons.

> Exemplaire sur **papier vélin**.

462. **Rousseau** (J.-J.). La Nouvelle Héloïse, avec une préface de J. Grand-Carteret. Dessins d'Edmond Hédouin, gravés par lui-même et par Toussaint. Eaux-fortes de Lalauze, imprimées dans le texte. *Paris, Librairie des Bibliophiles*, 1889, 6 vol. in-8, br., couv.

> L'un des **125** exemplaires sur **papier de Hollande** (n° 120).

463. **Rousseau** (J.-J.). Pygmalion, scène lyrique, illustrations de Moreau le Jeune, suivi d'une idylle par Berquin, vignettes de Marillier. *Paris, J. Lemonnyer*, 1883, gr. in-8, fig., demi-rel. mar. grenat, tête dor., non rog., couv.

> Réimpression textuelle sur l'édition originale de 1775.
> L'un des **100** exemplaires sur **papier du Japon** (n° 57).

464. **Saint-André** (Claude). Madame du Barry, d'après les documents authentiques. Portraits et fac-simile. *Paris, Emile Paul*, 1908, in-4, br., couv.

Un des **50** exemplaires sur **papier du Japon** (n° 27).

465. **Saint Augustin**. Les Confessions de saint Augustin, traduction nouvelle avec introduction, illustrées de huit eauxfortes composées et gravées par Adolphe Lalauze. *Paris, G. Hurtel, s. d.*, in-8, br., couv. dans un cart.

L'un des **40** exemplaires sur **papier de Chine** (n° 1), avec les figures en **2 états**.

466. **Saint-Pierre** (Bernardin de). Paul et Virginie, avec une introduction par Alexandre Piédagnel. Orné de six figures hors texte et deux vignettes dessinées et gravées à l'eau-forte par Ad. Lalauze. *Paris, Liseux*, 1879, in-16, br., couv.

Exemplaire sur **papier de Hollande** avec les vignettes en **2 états**.

467. **Saint-Pierre** (Bernardin de). Paul et Virginie. Illustrations de Maurice Leloir. *Paris, H. Launette et Cie*, 1887, gr. in-8, couv. illust., emboitage.

120 dessins dans le texte et 12 grandes compositions hors texte.
L'un des **50** exemplaires sur **papier du Japon** (n° 80), avec une double suite des eaux-fortes.

468. **Salis** (Rodolphe). Contes du Chat Noir. L'Hiver. Dessins de A. Willette, H. Rivière, H. Pille, H. Somm, Steinlen, etc. Préface de Philippe Gille, prologue de A. Willette. *Paris, Librairie illustrée, s. d.*, 1 vol. — Le Printemps. Dessins de Loys, Robida, Sabattier, G. Auriol, etc. Préface de Francisque Sarcey. *Paris, E. Dentu*, 1891, 1 vol. Ens. 2 vol. in-8, cart. dos et coins de mar. La Vall. clair, dos mosaïqués, têtes dor., non rog., couv. *(Raparlier)*.

469. **Sand** (George). Les Beaux Messieurs de Bois-Doré. Illustrations d'Adrien Moreau, gravées sur bois par Brauer, Froment, Hamel, Méaulle, Rousseau et Thomas. *Paris, E. Testard*, 1892, 2 vol. gr. in-8, titre r. et n., br., couv.

L'un des **35** exemplaires sur **papier de Chine**, contenant :
1° la suite des 10 grandes compositions gravées à l'eau-forte en **4 états**, dont l'eau-forte pure avec remarque sur Chine ;
2° le tirage à part de tous les bois tirés sur Chine.

470. **Sand** (George). La Mare au Diable. Édition enrichie de dix-sept illustrations composées et gravées à l'eau-forte par Edmond Rudaux. *Paris, Collection Calmann Lévy, Maison Quantin*, 1889, gr. in-8, demi-rel. dos et coins de mar. orange, tête dor., non rog., couv.

> L'un des **50** exemplaires sur **papier du Japon** avec deux suites des planches.

471. **Sand** (George). Mauprat. Dix compositions par Le Blant, gravées à l'eau-forte par H. Toussaint. *Paris, Quantin*, 1886, gr. in-8, cart. dos et coins de mar. rouge, non rog., couv.

> L'un des **100** exemplaires sur **papier du Japon** (n° 95), avec deux suites des planches.

472. **SANDEAU** (J.). **Un Début dans la Magistrature.** *Paris, Calmann Lévy*, 1887, in-12, fig., cart. dos et coins de mar. vert, dos orné, tête dor., non rog., couv. *(Bretault).*

> L'un des **25** exemplaires sur **papier du Japon** (n° 15), orné de **25 aquarelles originales** inédites par **H. de Sta.**
> On a ajouté la suite de 1 portrait, 12 vignettes de Baugnies gravés par Deville.

473. **Scholl** (Aurélien). Les fables de La Fontaine filtrées. Illustrations de E. Grivaz. *Paris, E. Dentu*, 1886, gr. in-8, br., couv.

> L'un des **25** exemplaires sur **papier du Japon**.

474. **Schonbrünner** (Jos.) et **Meder** (Jos.). Handzeichnüngen Alter Meister aùs der Albertnia aind andere Saunnlungen. *Vienne, Gerlach et Scheuk, s. d.*, in-4, en feuilles, dans un emboitage.

> Tome premier.

475. **Schulze** (Ernest). La Rose enchantée, traduction de E. La Forgue, compositions et eaux-fortes par Gaston Bussière. *Edition Boudet, Librairie Lahure, s. d.*, gr. in-8, fig., br., couv. illust. en coul.

> L'un des **300** exemplaires sur **papier vélin du Marais** (n° 317).

476. **Shakespeare** (W.). Le Songe d'une Nuit d'Été, illustré par

Arthur Rackham. R. W. S. *Paris, Hachette et Cie*, 1909, in-4, vélin blanc, tête dor., non rog. *(Cart. de l'éditeur)*.

L'un des **30** exemplaires sur **papier du Japon** (n° 16).

477. **SIENKIEWICZ** (H.). **Quo Vadis.** Roman néronien. Traduction nouvelle et complète par E. Halperine-Kaminsky. Édition illustrée par J. Styka. *Paris, E. Flammarion, s. d.,* 3 vol. in-4, demi-rel. dos et coins de mar. La Vall., dos ornés, têtes dor., non rog., couv. *(Noulhac)*.

L'un des **50** exemplaires sur **papier du Japon** (n° 3), avec les figures en **2 états**.
Superbe aquarelle originale de **J. Styka,** ajoutée.

478. **Silvestre** (A.). Le Conte de l'Archer, aquarelles de A. Poirson gravées par Gillot. Impression chromotypographique par Lahure. *Paris, Lahure et Rouveyre*, 1883, in-8, mar. rouge, dos orné, encadrement de filets sur les plats. dent. int., tête dor., non rog., couv. *(Ruban)*.

479. **Silvestre** (Armand). La Plante enchantée, illustrée par A. Robida. *Paris, Librairie illustrée,* 1895, plaq. in-4, br., couv. illust.

L'un des **50** exemplaires sur **papier du Japon** (n° 16.

480. **Silvestre** (Armand). La Russie : Impressions — Portraits — Paysages. Illustrations de Henri Lanos. *Paris, E. Testard,* 1892, in-4, br., couv.

L'un des **35** exemplaires sur **papier du Japon** (n° 18), avec une **quadruple suite** des eaux-fortes hors texte.

481. **Soirées de Médan** (les), par E. Zola, Guy de Maupassant, J.-K. Huysmans, H. Céard, L. Hennique, P. Alexis, avec les portraits des 6 auteurs, eaux-fortes de F. Desmoulin, et 6 compositions de Jeanniot, grav. à l'eau-forte par L. Muller. *Paris, Charpentier et Cie,* 1890, in-8, br., couv.

L'un des exemplaires numérotés sur **papier vélin teinté**.

482. **Staal-De Launay** (Mme de). Mémoires, avec une préface par Mme la baronne Double et quarante et une eaux-fortes

par Ad. Lalauze. *Paris, Librairie des Bibliophiles*, 1898, 2
vol. in-8, br., couv.

L'un des **20** exemplaires sur **papier du Japon** (n° 19) avec les figures en **3 états** et le tirage à part des vignettes.

483. **Steinlein**. Dans la Vie. 100 dessins en couleurs. Avant-
propos de Camille de Sainte-Croix. *Paris, Sevin et Rey*, 1901,
in-12, br., couv.

L'un des **100** exemplaires sur **papier du Japon** (n° 38).

484. **Stendhal** (de) [Henri Beyle]. Le Rouge et le Noir. Réimpression textuelle de l'édition originale, illustrée de 80 eaux-
fortes par H. Dubouchet, préface de Léon Chapron. *Paris,
L. Conquet*, 1884, 3 vol. in-8, br., couv.

L'un des **350** exemplaires sur **papier vélin** à la cuve (n° 359).

485. **Sterne** (L.). Voyage sentimental en France et en Italie. Traduction nouvelle et notice de M. Emile Blémont. Illustrations
de Maurice Leloir, comprenant 220 dessins dans le texte et 12
grandes compositions hors texte. *Paris, H. Launette*, 1884,
in-4, br., couv. illust.

Exemplaire de premier tirage.

486. **Straparole** (Les Facétieuses Nuits du seigneur J.-F.), traduites par J. Louveau et P. de Larivey, publiées avec une préface et des notes, par G. Brunet. 14 dessins de J. Garnier,
gravés à l'eau-forte par Champollion. *Paris, Librairie des
Bibliophiles*, 1882, 4 vol. in-8, br., couv.

L'un des **170** exemplaires sur **papier de Hollande** (n° 209).

487. **Thalasso** (A.). Deri Sé'adet ou Stamboul porte du bonheur, scènes de la vie turque. Illustrations de F. Zonart. *Paris, Piazza et Cie, s. d.*, pet. in-4, br., couv. dans un emboîtage.

L'un des **258** exemplaires sur **papier vélin** (n° 104).

488. **Theuriet** (André). Nos Oiseaux. Aquarelles de Hector Giacomelli. *Paris, H. Launette et Cie*, 1886, 1 tome en 5 fasc. in-
4, pap. vél., en feuilles dans des cartons.

Edition illustrée en fac-similé d'aquarelles.
L'un des **500** exemplaires sur **papier vélin du Marais** (n° 39).

489. **Theuriet** (André). Sous Bois, nouvelle édition illustrée de 78 compositions de H. Giacomelli, gravées sur bois, par Berveiller, Froment, Méaulle et Rouget, préface de J. Claretie. *Paris, L. Conquet. — G. Charpentier*. 1883, in-8, br., couv.

L'un des **75** exemplaires sur **papier du Japon**.

490. **Theuriet** (André). La Vie rustique. Compositions et dessins de Léon Lhermitte, gravures sur bois de Clément Bellenger. *Paris, H. Launette et Cie*, 1888, gr. in-8, pap. vél., titre r. et n., br., couv.

L'un des **525** exemplaires sur **papier vélin blanc**, hors-texte sur vélin de cuve teinté (n° 509).

491. **Theuriet** (André). La Vie rustique. Compositions et dessins de Léon Lhermitte, gravures sur bois de Clément Bellenger. *Paris, H. Launette et Cie*, 1888, in-4, titre r. et n., br., couv.

492. **Tillier** (Claude). Mon Oncle Benjamin. Nouvelle édition illustrée d'un portrait-frontispice et de 42 dessins de Sahib, gravés sur bois par Prunaire. Avec une préface par Monselet. *Paris, L. Conquet*, 1881, 2 vol. pet. in-8, br., couv.

L'un des **500** exemplaires sur **papier vélin teinté** (n° 684).

493. **Toudouze** (G.). La Vengeance des Peaux-de-Bique, illustrations de J. Le Blant. *Paris, Hachette et Cie*, 1896, gr. in-8, cart. dos et coins de mar. vert olive, dos orné et mosaïqué de fleurs de lis, fil. sur les plats, non rog., couv. (*Carayon*).

L'un des **50** exemplaires tirés sur **papier de Chine** (n° 70), pour M. L. Conquet.

494. **Trogan**. Les Mots historiques du pays de France. Texte par Trogan. Illustrations de Job. *Tours, Mame et Fils*, 1896, in-fol., cart. dos et coins de vélin blanc, non rog., couv.

L'un des **25** exemplaires sur **papier du Japon** (n° 12).

495. **Uchard** (Mario). Mon Oncle Barbassou, orné de 40 compositions gravées à l'eau-forte par Paul Avril. *Paris, J. Lemonnyer*, 1884, gr. in-8, br., couv.

L'un des **125** exemplaires sur **papier du Japon** (n° 153) avec une suite des eaux-fortes tirées à part, le nom des artistes à la pointe sèche.

496. **Uzanne** (Octave). L'Éventail. Illustrations de Paul Avril. *Paris, A. Quantin*, 1882, gr. in-8, br., couv. impr. en couleurs, emboitage en soie.

497. **Uzanne** (Octave). L'Ombrelle — Le Gant — Le Manchon. Illustrations de Paul Avril. *Paris, A. Quantin,* 1883, gr. in-8, br., couv. impr. en couleurs, emboitage en soie.

498. **Uzanne** (Octave). La Française du siècle. La Femme et la Mode, métamorphoses de la Parisienne de 1792 à 1892. Tableau des Mœurs et usages aux principales époques de notre ère républicaine. *Paris, May et Motteroz*, 1892, gr. in-8, br., couv.

L'un des **20** exemplaires sur **papier de Chine** (n° 32).
Edition illustrée de plus de 160 dessins inédits, par A. Lynch et E. Mas, frontispice en couleurs de F. Rops, couverture de Louis Morin.

499. **Uzanne** (Octave) et A. **Robida.** Contes pour les Bibliophiles. Nombreuses illustrations dans le texte et hors texte (en noir et en couleurs). *Paris, Librairies-Imprimeries réunies, May et Motteroz*, 1895, gr. in-8, pap. vél., br., couv.

L'un des **1000** exemplaires sur **papier vélin** (n° 168), auquel on a ajouté la planche « *Les Fricatrices* » d'après Fragonard, page 184.

500. **Vallès** (Jules). L'Enfant (Jacques Vingtras). Edition illustrée de 12 eaux-fortes par Renouard. *Paris, Quantin,* 1884, in-8, cart. dos et coins de mar. bleu, non rog., couv. *(Champs).*

L'un des **100** exemplaires sur **papier du Japon** (n° 16) avec double épreuve des eaux-fortes *avant* et *avec* la lettre.

501. **Vallès** (Jules). L'Enfant (Jacques Vingtras). Edition illustrée de 12 eaux-fortes par Renouard. *Paris, Quantin,* 1884, in-8, br., couv.

L'un des **100** exemplaires (non numéroté) sur **papier du Japon** avec double épreuve des eaux-fortes *avant* et *avec* la lettre.

502. **Vidal** (Pierre). Les Heures de la Femme à Paris. Tableaux parisiens, dessinés, gravés à l'eau et accompagnés d'un texte par Pierre Vidal. *Paris, Editions Boudet. — Librairie*

Lahure, s. d. (1903), in-8 carré, titre rouge et vert, texte encadré d'un filet vert avec frises de fleurs dans les marges, br., couv. impr. en couleurs.

L'un des **25** exemplaires sur **papier du Japon** (n° 3), contenant une suite en premier état de toutes les planches.
Aquarelle originale de **Pierre Vidal** ajoutée.

503. **Vigny** (Alfred de). Cinq Mars, ou une Conjuration sous Louis XIII. Edition illustrée de 13 planches à l'eau-forte, dont 1 portrait de l'auteur, gravées par Gaujean, d'après les dessins de Dawant. *Paris, Quantin,* 1889, 2 vol. gr. in-8, br., couv.

L'un des exemplaires sur **papier du Japon** avec les figures en **3 états** dont l'eau-forte pure.

504. **VIGNY** (A. de). **Servitude et Grandeur militaires.** Compositions de Albert Dawant et Jean-Paul Laurens, eaux-fortes de Louis Muller, Champollion et Decisy. *Paris, Magnier,* 1898, 2 vol. gr. in-8, titre r. et n., br., couv. illust.

L'un des **38** exemplaires sur **papier de Chine** (n° 17) avec **4 états** des planches hors texte et **3 états** des vignettes.

505. **Villiers de l'Isle-Adam** (Comte de). Akédysséril. *Paris, M. de Bruhoff,* 1886, gr. in-8, frontisp. de Rops, br., couv.

Edition originale, avec la couverture.
L'un des **250** exemplaires sur **papier du Japon,** (n° 114), avec le frontispice en **3 états**.

506. **Vogüé** (E.-M. de). Le Manteau de Joseph Olénine, portrait gravé par A. Lamotte. *Paris, L. Conquet,* 1889, in-16, br., couv.

Exemplaire tiré sur **papier vergé du Marais,** non mis dans le commerce.
Envoi de l'Editeur.

507. **Voltaire.** Candide, ou l'Optimisme. Préface de Francisque Sarcey. Illustrations de Adrien Moreau. *Paris, G. Boudet,* 1893, gr. in-8, br., couv.

L'un des **575** exemplaires sur **papier vélin du Marais** (n° 290).

508. **Voragine** (J. de). La légende dorée, traduction française de H. Piazza. Dessins et Lithographies de A. Lunois. *Paris, G. Boudet*, 1896, in-4, br., couv. illustr.

> L'un des **150** exemplaires sur **papier vélin** à la forme fabriqué spécialement pour cette édition (n° 134).

509. **Voyage de Paris à Saint-Cloud**, par Mer et par Terre, par L.-B. Nécl de Rouen, suivi du retour par A.-M. Lottin. Avec introduction et douze eaux-fortes, par J. Adeline. *Rouen, E. Augé*, 1878, in-8, br., couv. en carton.

> L'un des **255** exemplaires sur **papier vergé** (n° 254).

510. **Vuillier** (Gaston). La Danse, illustré de 20 planches en taille-douce et de 400 gravures dans le texte. *Paris, Hachette et Cie*, 1898, in-4, en feuilles dans un carton.

> L'un des **10** exemplaires sur **papier du Japon** (n° 12).

511. **Wallon** (H.). Jeanne d'Arc. Edition illustrée de chromos et de nombreuses gravures d'après les Monuments de l'Art depuis le XVe siècle jusqu'à nos jours. *Paris, F. Didot et Cie*, 1876, gr. in-8, br., couv.

> L'un des **500** exemplaires sur **papier vélin** (n° 404).

512. **Wells** (H.-G.). La Guerre des Mondes, traduit de l'anglais par Henry Davray. Edition illustrée par Alvim-Corrêga. *Bruxelles, L. Vandamme*, 1906, in-4, cart. de l'éditeur, non rog.

> L'un des **500** exemplaires rel. (n° 115). portant la signature de l'illustrateur.

513. **Willette** (A.). Chansons d'Amour. Dix lithographies. *Paris, La Plume, s. d.*, in-fol., en feuilles dans un carton.

514. **Willy**. A manger du Foin. Illustrations par Albert Guillaume. *Paris, Simonis Empis*, 1899, in-12, br., couv.

> Exemplaire sur **papier du Japon** (n° 7).

515. **Zamacoïs** (M.). Articles de Paris. Nombreux dessins de Albert Guillaume. Préface illustrée par J.-L. Gérome. *Paris, Simonis Empis*, 1900, in-12, br., couv.

> Exemplaire sur **papier du Japon**.
> Envoi autographe de l'auteur.

516. **ZOLA** (Emile). **L'Attaque du Moulin.** Compositions de Emile Boutigny, gravures à l'eau-forte et en couleurs par Claude Faivre. *Paris, Librairie de la Collection des Dix, A. Romagnol,* 1901, in-8, br., couv. illust. en couleurs.

> L'un des **20** exemplaires sur **papier du Japon** (n° 4), contenant **4 états** des planches et la décomposition des couleurs d'une planche.

517. **Zola** (Emile). La Curée. Compositions de Georges Jeanniot, gravées sur bois par Ruffe et compositions hors texte, gravées à l'eau-forte par Muller. *Paris, E. Testard,* 1894, in-4, br., couv.

> Édition illustrée par G. Jeanniot, de 75 compositions gravées sur bois par Ruffe et de 6 figures hors texte gravées à l'eau-forte par Muller.
> L'un des **130** exemplaires sur **papier de Chine**, contenant les eaux-fortes en **3 états** et le tirage à part des bois (n° 104).

518. **Zola** (Emile). Une Page d'Amour. Composition de François Thévenot. *Paris, E. Testard,* 1895, gr. in-8, br., couv.

> L'un des **130** exemplaires sur **papier de Chine** (n° 26), contenant les eaux-fortes en **3 états** et le tirage à part des bois sur Chine.

ORDRE DES VACATIONS

Arras. — Imp. Schoutheer Frères, rue des Trois-Visages, 59.

CATALOGUES

DE LA

BIBLIOTHÈQUE

DE M.

M. A. V. J. LESPERON D'AMPREVILLE

Ancien Employé Honoraire à la Préfecture de Paris
Chevalier de la Légion d'honneur
Commandeur de l'Histoire de ...
Membre de la Société des Amis ...
des Cent Bibliophiles, etc.
Publiciste Contemporain

DEUXIÈME PARTIE

Auteurs Grecs sur les Sciences et les Arts
et Auteurs Contemporains

TROISIÈME PARTIE

Ouvrages sur les Beaux-Arts, l'Architecture,
Ouvrages illustrés du XVIᵉ siècle
Anciens classiques
Mémoires historiques, etc., etc.

QUATRIÈME PARTIE